El Acantilado, *434*
COMO EL AIRE
QUE RESPIRAMOS

ANTONIO MONEGAL

COMO EL AIRE
QUE RESPIRAMOS
EL SENTIDO DE LA CULTURA

BARCELONA 2022   ACANTILADO

Publicado por
ACANTILADO
Quaderns Crema, S. A.

Muntaner, 462 - 08006 Barcelona
Tel. 934 144 906
correo@acantilado.es
www.acantilado.es

© 2022 by Antonio Monegal Brancós
© de esta edición, 2022 by Quaderns Crema, S. A.

Derechos exclusivos de edición:
Quaderns Crema, S. A.

ISBN: 978-84-18370-82-3
DEPÓSITO LEGAL: B. 3377-2022

AIGUADEVIDRE   *Gráfica*
QUADERNS CREMA   *Composición*
ROMANYÀ-VALLS   *Impresión y encuadernación*

SEGUNDA REIMPRESIÓN   *noviembre de 2023*
PRIMERA EDICIÓN   *marzo de 2022*

Bajo las sanciones establecidas por las leyes,
quedan rigurosamente prohibidas, sin la autorización
por escrito de los titulares del copyright, la reproducción total
o parcial de esta obra por cualquier medio o procedimiento mecánico o
electrónico, actual o futuro—incluyendo las fotocopias y la difusión
a través de Internet—, y la distribución de ejemplares de esta
edición mediante alquiler o préstamo públicos.

CONTENIDO

Preámbulo   7

1. ¿Importa la cultura?   13
2. El valor cuestionado   21
3. De difícil definición   29
4. Para qué sirve la cultura   39
5. Una caja de herramientas   49
6. Menos es más   59
7. La cultura como recurso   69
8. Consumo y cultura de masas   79
9. Híbridos y globalizados   89
10. Memoria e identidad   99
11. Inflexiones de la diferencia   111
12. El límite de la nación   123
13. Por una ética cosmopolita   137
14. ¿Qué tienen en común la cultura y la política?   145
15. Lo que está en juego   155

Agradecimientos   169
Bibliografía seleccionada   171

A Carlota.

PREÁMBULO

Este ensayo se acabó de escribir durante el confinamiento por la pandemia de la COVID-19, en la primavera de 2020, aunque la mayor parte estaba ya redactada y la motivación no tiene que ver con esa coyuntura inesperada. Durante aquellos días, la cultura demostró su capacidad para unir a quienes estaban separados, dar contenido al tiempo y enriquecer la experiencia del encierro. Los Stay Homas desde su azotea, Cesc Gelabert bailando en su casa, conciertos y coros con los músicos y cantantes aislados en lugares distantes, pero al unísono, invitaciones a la lectura, películas a raudales, teatro grabado, visitas virtuales a museos, conferencias y debates, artistas como David Hockney creando y compartiendo… Un sector frágil y precarizado por la inacabable resaca de la anterior crisis, y que tiene las máximas probabilidades de volver a padecer las consecuencias de ésta, puso sus recursos e imaginación al servicio de la sociedad cuando más falta hacían, como un salvavidas en medio de la tempestad. Son también muchas las reflexiones que el desastre ha suscitado—sobre nuestro lugar en el mundo, la organización de nuestras sociedades, la desigualdad ante el infortunio, el futuro de la democracia y la revancha de la naturaleza—, que muestran la necesidad de dotarnos de herramientas para entender y responder a los retos de la existencia. Acudimos a relatos de ficción proféticos, aterradores o consoladores, a utopías y distopías, para encontrar un sentido al presente. Hay además otra dimensión cultural que no acostumbramos a englobar en la misma categoría, pero de la cual se ha hablado repetidamente: hasta qué punto el contagio y la reacción ha dependido de hábitos y conductas que distinguen a las sociedades. La distancia o proximidad en el trato, darse la mano, abrazos y besos, los usos del espacio público o doméstico, o la costumbre de las mascarillas, son prácticas culturalmente determinadas. Son modos distintos de acercarse a qué es y qué hace la cultura.

La asignatura que me correspondía impartir en mi universidad durante el confinamiento estaba dedicada a la teoría de la tragedia, desde Aristóteles hasta Brecht y Artaud, George Steiner y Judith Butler, y a la tradición teatral a la que remite, desde la Atenas del siglo V antes de Cristo hasta contemporáneos nuestros como Wajdi Mouawad. Gracias a la tecnología disponible hoy en día, pudimos trabajar a distancia con relativa facilidad, mediante videoconferencias, chats, fórums, lecturas y vídeos online. Lo que hace pocos años hubiera sido una barrera insalvable se convirtió para la gran mayoría en una simple complicación y un cambio de registro, aunque, por desgracia, las circunstancias personales de algunos estudiantes les impidieron seguir el curso con normalidad. Añorábamos la presencialidad y no pudimos ir al teatro a ver en escena ninguna tragedia, como habíamos hecho en anteriores ediciones de la asignatura. Sin embargo, la situación excepcional que atravesábamos nos invitaba, a los estudiantes y a mí, a reflexionar juntos acerca de la pertinencia de las lecciones de la tragedia para nuestro inmediato presente.

El teatro era, entonces, en Atenas, una institución con una relevancia social semejante a la del ágora donde se celebraban las asambleas. La participación en este ritual cívico, que en su origen fue sagrado, era una de las formas de ejercer la ciudadanía ateniense. Gracias a la tragedia, el espectador tomaba conciencia de que el ser humano es libre y responsable de sus decisiones pero que su existencia está sometida a fuerzas que escapan a su control—llámense dioses, destino o naturaleza—, que no se puede contar con que la vida sea justa y que la desgracia, el conflicto y la violencia acechan a cada paso. La tragedia es la plasmación dramática de una visión de la realidad según la cual el ser humano es, en palabras de Steiner, «un huésped inoportuno en el mundo». Algo que a menudo olvidamos, henchidos de nuestro propio orgullo, hasta que alguna catástrofe viene a recordárnoslo. Los griegos lo tenían siempre presente, no sólo porque su entorno fuera quizá más brutal e impredecible (aunque esas experiencias abundan también en nuestro tiempo), ni porque se sintieran más cerca del misterio, la irracionalidad o el sinsentido de la existencia (aunque así era), sino porque para ellos las artes y lo que ahora llamamos cultura no eran mera distracción superflua sino un vehículo para explicar el mundo, ordenarlo y dotarlo de sentido. La tragedia era una escuela de valores y un espacio público para debatir los conflictos que atenazaban a la sociedad. Funciones hoy desdibujadas pero no perdidas del teatro, la literatura y las demás artes.

A pesar del enfoque conceptual, las preocupaciones que subyacen a este ensayo son de carácter eminentemente práctico. Durante cuatro años, entre 2009 y 2013, tuve el privilegio de ser el vicepresidente del Consell de la Cultura de Barcelona, que presidía el alcalde, y de presidir su Comité Ejecutivo, encargado de asesorar y decidir sobre algunos aspectos de las políticas culturales de la ciudad. Era un organismo recién creado, concebido como un instrumento de participación ciudadana y formado por expertos independientes. Aquellos cuatro años de mandato estaban a caballo entre dos gobiernos municipales, uno socialista y el otro nacionalista, y coincidieron de lleno con el inicio de una crisis económica que golpeó brutalmente a todos los sectores culturales, preludio de la que enfilamos ahora, y una de las razones por las cuales el sistema cultural afronta la actual en condiciones de extrema fragilidad.

Esta experiencia de inmersión en la gestión de las políticas culturales municipales y en los debates políticos que la rodeaban supuso un aprendizaje práctico inestimable para alguien que hasta entonces se había movido exclusivamente en el terreno teórico. Barcelona es un laboratorio idóneo para el estudio de las dinámicas culturales, por la propia composición de su tejido social y la confluencia de identidades, y por la aplicación de políticas públicas con un diseño estratégico a largo plazo, gracias a la continuidad de la hegemonía municipal de la izquierda. Al solaparse el relevo político y la crisis, el modelo que había imperado durante décadas sufrió un doble trastorno, de reajuste ideológico y de adelgazamiento vertiginoso de recursos públicos y consumo privado. El primero fue leve, el segundo traumático, sobre todo para un ecosistema cultural que se había acostumbrado a una mejora progresiva de sus condiciones e infraestructuras, y a un compromiso decidido de los poderes públicos.

Como pasó con otros derechos sociales propios del estado del bienestar, la crisis económica sirvió de excusa para cuestionar el modelo y su sostenibilidad, como si en la época de abundancia se hubieran derrochado los fondos públicos. La crítica de la cultura subvencionada llevaba aparejada la constante comparación con las necesidades sociales imperiosas: la sanidad, la educación, la protección a los desempleados, las jubilaciones, ámbitos todos en los que también se aplicaron recortes. El apoyo público a la cultura dejaba de verse como una política redistributiva, de protección de los sectores más frágiles y democratización del acceso, para reclamar ajustes dictados por las leyes del mercado y una mayor implicación del sector privado, en un momento en que también éste se estaba empobreciendo. En el trasfondo, lo que estaba y continúa estando en entredicho es el carácter de bien común y derecho social de la cultura, como uno de los pilares básicos del estado del bienestar.

Al asistir a este retroceso e intentar ayudar a contrarrestarlo haciendo pedagogía, participando en discusiones, redactando informes y haciendo declaraciones, me llamaba la atención que los argumentos a los que se recurría para defender la inversión pública en cultura eran siempre los mismos, sobre todo en círculos políticos: la cultura es un importante motor económico y un instrumento de cohesión social. Ambos argumentos son ciertos, pero insuficientes. Son coartadas utilitaristas, atienden a los efectos colaterales, en lugar de explicar el valor intrínseco de la cultura. Alegan para qué sirve como manera de contestar a quienes opinan que no sirve para nada, pero es un alegato débil porque no encuentra sus razones en lo que propiamente hace la cultura ni en para qué les sirve a sus usuarios. Nadie toca el violín ni lee ni va al teatro ni visita exposiciones para generar riqueza o cohesión social.

Es evidente que, si la cultura merece ser apoyada con recursos públicos, es porque tiene una función social. Si se considera que los beneficios son sólo individuales, es más fácil proponer que el coste lo asuma cada usuario. Sobre todo cuando el entretenimiento se considera una forma más de consumo suntuario. Sin embargo, en lo que la cultura tiene de elevación de la calidad de vida y realización personal de los ciudadanos, correspondería aplicar el mismo criterio que a la educación o la sanidad: reconocer que la suma del beneficio individual tiene un valor colectivo. Aunque, probablemente, por este camino no se responde a la pregunta de por qué la cultura es un bien común de primera e irrenunciable necesidad.

PREÁMBULO

Salí de aquella inmersión de cuatro años en las políticas culturales de la ciudad con una doble determinación: trasladar aquel aprendizaje práctico a mi investigación académica e intentar producir una argumentación a favor de la cultura que no se apoye en criterios utilitarios, pero tampoco en apriorismos acerca de la superioridad de cierto tipo de cultura. Desde mi punto de vista, cualquier explicación de lo que hace la cultura tiene que valer por igual para la alta cultura, la cultura popular y la cultura de masas, sin que esto signifique que son lo mismo. Había acumulado una gran cantidad de documentación y datos: cifras de subvenciones, procedimientos de asignación, presupuestos de centros públicos y de inversión municipal, estructuras de gobernanza, normativas, planes estratégicos, informes, reclamaciones de los sectores, disfunciones, necesidades y debilidades del sistema. Me he resistido a manejar este material, además de por la confidencialidad de parte del mismo, porque un retrato de la situación en Barcelona durante un período concreto tiene un interés coyuntural; puede servir para un diagnóstico, denunciar deficiencias o proponer mejoras, o ser la base para estudios de carácter histórico o crítico, como algunos muy valiosos publicados sobre el llamado «modelo Barcelona», para bien o para mal ya periclitado o en vías de liquidación. Como no soy un científico social, el manejo de datos cuantitativos no forma parte de mi utillaje metodológico. El problema que me ocupa es más de fondo, no limitado a una ciudad o un país, porque es un signo de los tiempos que se traduce en una desvalorización del concepto de cultura. A esta tendencia resuelvo resistirme abordando el concepto mismo y el discurso que genera a su alrededor. El reto es transparente: ¿podemos contestar a la pregunta de por qué importa la cultura?

I
¿IMPORTA LA CULTURA?

> La ciencia es todo lo que comprendemos lo suficientemente bien como para explicárselo a un ordenador. El arte es todo lo demás que hacemos.
>
> DONALD E. KNUTH,
> del prólogo de $A = B$

La pregunta que da título a este capítulo trae consigo, implícitas, algunas otras: ¿a quién le importa o le deja de importar? ¿Por qué debería importar? ¿De qué cultura hablamos? Y la más evidente y difícil de contestar: ¿qué entendemos por cultura? Como otros libros que han circulado en tiempos recientes, este ensayo surge de la percepción de una amenaza y de cierto impulso combativo, de defensa. Cuando uno toma la palabra en este debate bajo la invocación de una pregunta así, está tomando partido y el lector entiende de inmediato que el discurso responde a la necesidad de argumentar que la cultura importa. Que no parece que importe lo suficiente y que debería importar más.

Respecto a esta expectativa, para no defraudarla, conviene aclarar que mi principal propósito no es defender el valor edificante de las artes y las letras ni lamentarme de su creciente pérdida de relevancia en los usos privados, la escena pública y el sistema educativo. En efecto, esto ocurre y, hasta cierto punto, me preocupa. Aunque no creo que se puedan frenar, a fuerza de protestas, ciertas dinámicas sistémicas que son parte del funcionamiento de la propia cultura. La autonomía del campo cultural es relativa y frágil. Sería ingenuo suponer que puede ser inmune a las presiones de la economía de mercado y la sociedad de consumo. Y no todo es negativo: al dotarse la propia cultura de nuevas herramientas tecnológicas que potencian la comunicación, la producción y la circulación, han mejorado el acceso y la diversidad. Aunque como contrapartida crezcan la banalidad, la desinformación y las burbujas cognitivas que alimentan el populismo. Es imposible separar la cultura de lo que ocurre en la sociedad y, a la vez, sin la primera es imposible cambiar la segunda. Lo que más me interesa es resituar la reflexión en términos más inclusivos, que partan de una concepción actualizada, no mirando sólo al pasado, sobre qué es cultura.

Algunos libros publicados sobre esta cuestión asumen un tono nostálgico o apocalíptico, sobre todo cuando se refieren a la famosa crisis de las humanidades. El ejemplo más notorio de esta actitud reactiva es el ensayo de Mario Vargas Llosa, *La civilización del espectáculo*, que distingue típicamente entre cultura y cultura, es decir, entre la que es merecedora de dicho nombre, la que de verdad importa, y otra devaluada y superficial, diluida en la definición antropológica del término, que, según él, no es propiamente cultura. Es una posición poco agradecida, por explícitamente elitista, al culpar a la democratización de los males que vician la cultura, y porque cuesta mucho convencer a los demás de que les importe lo que efectivamente no les importa. Para convencer a los ya convencidos el esfuerzo no se justifica. Sobre todo si partimos de la base de que el que algo me importe a mí no significa que deba importarles a los demás. Por ello intentaré limitar, en lo posible, la apelación a la experiencia subjetiva.

Lo que las artes y las letras han aportado a mi vida condiciona mi perspectiva, pero es incidental para la argumentación. Podría decir que me han ayudado a encontrarle sentido. Me he dedicado profesionalmente a servirlas y transmitirlas. Han sido para mí objeto de investigación y de placer. La literatura, la filosofía, el cine, el arte y la música me han acompañado en la soledad, me han servido para enfrentarme al dolor y para compartir alegrías. Han amplificado, ordenado y desordenado emociones y deseo. Han dado un marco, un escenario y a veces hasta un guion al amor. Todo esto, como es evidente, no tiene por qué importarle a nadie más que a mí. Ni requiere que, a estas alturas, lo cuente en un libro. Lo han explicado mejor expertos más cualificados. Basta con que me remita a las palabras de Tzvetan Todorov sobre un aspecto concreto: «Si hoy me pregunto por qué amo la literatura la respuesta que de forma espontánea me viene a la cabeza es: porque me ayuda a vivir» (*La literatura en peligro*). Suscribo su respuesta, define una manera determinada de entender la vida y la literatura que no todo el mundo comparte.

La literatura y las otras artes son drogas saludables. Ayudan a vivir y combinan los efectos de otros psicotrópicos: estimulan, evaden, aguzan la percepción, generan modificaciones y revelaciones cognitivas. Puesto que, de momento, el tráfico de estas sustancias no está penado, procuro, como misión personal, contagiar esta adicción a mis alumnos y a mis hijos. Sin embargo, no quiero hablar sólo de este tipo de cultura, sino de aquella que afecta a la vida de todos, incluso la de quienes creen no tener nada que ver con ella, porque este ensayo no alude a una vivencia particular, sino que se centra sobre todo en la dimensión colectiva de la cultura. El tema que me ocupa es el de su relevancia social.

La amenaza a la cultura se deriva de un par de errores de apreciación. El primero es el de aquellos que creen que se puede prescindir de la cultura, que es un accesorio más o menos lujoso, que complementa o decora los aspectos primordiales de la vida, los realmente importantes, que son, como todo el mundo sabe, la salud, el amor y, ante todo, el dinero. Podríamos llamarlo la amenaza neoliberal, porque sólo cuenta lo que genera ganancias tangibles, pero también tiene una faceta populista, que considera que la cultura está al servicio de los intereses de una elite. El segundo error afecta a quienes sienten que la cultura se pierde o se devalúa porque la identifican con la suya, con la que ellos valoran, agoreros de la decadencia que pertenecen a la presunta elite culta. Aunque sólo sea por gremio, me toca pertenecer a esta selecta minoría, lo cual me hace de inmediato sospechoso de parcialidad en este debate. No aspiro a salvarme de que me acusen de elitismo, mientras sea en la acepción que le da el diccionario de la RAE —«Actitud proclive a los gustos y preferencias que se apartan de los del común»—, pero me parece una posición poco productiva desde la que argumentar el sentido de la cultura y no quiero que me descalifique para hablar de los intereses del común. Los dos errores se deberían poder contrarrestar reconduciendo la discusión. Conviene proponer otra manera de enfocar la cuestión. ¿Cómo formular una justificación de la cultura que no sea un alegato elitista o nostálgico?

Mi campo es la teoría, así que mi argumentación se apoya en una reflexión teórica y en un recorrido que me permita dialogar, sucintamente, con algunas de las contribuciones más sustanciales a las teorías de la cultura. Difícilmente será una atenuante de la acusación de elitismo, aunque, al fin y al cabo, a los científicos no se les coloca esta etiqueta por practicar un discurso especializado. Intentaré ser claro, porque nada se gana haciendo más confuso lo que de por sí es difícil, pero espero que se note la diferencia entre tropezar en los obstáculos metodológicos o en los ideológicos. Explicar en qué consiste la cultura, cómo funciona y para qué sirve requiere un recorrido laborioso en el que hay escasos consensos o atajos. Las definiciones y los modelos compiten entre sí. Uno toma partido, por lo tanto, al elegir modelos teóricos y metodológicos. A la vez, existe otro posicionamiento, el ideológico, que lleva a alinearse o no con diagnósticos alarmistas y pronunciamientos elegíacos.

He dicho que me mueve el imperativo de defender la cultura frente a la percepción de una amenaza, pero no hace falta identificar esta amenaza con un descenso del nivel cultural de la población, con el adocenamiento, la trivialización o la comercialización. No se trata de si la gente tiene criterio, mejor o peor gusto, al seleccionar su consumo cultural, de si conoce y aprecia las grandes obras maestras del arte, la literatura o la música. Por supuesto, a mí también me gustaría que todo el mundo leyera más y fuera más al teatro y al cine. Pero la amenaza no está estrictamente en la calidad ni en la cantidad de lo que se lee, se escucha o se ve. Está en la falta de reconocimiento de lo que es y lo que hace la cultura. Y está en el mensaje y en la repercusión de aquello que se consume y transmite, porque no es concebible que uno pueda estar fuera de todo circuito cultural. Parafraseando a Jacques Derrida, *il n'y a pas de hors-culture* ('nada hay fuera de la cultura').

De ahí que haya optado por no enfocar la discusión desde la perspectiva de las humanidades y de la crisis que padecen. Las humanidades constituyen una forma particular de conocimiento, unos estudios y disciplinas cuyo objeto son determinadas formas de producción cultural de la humanidad, entre las que se encuentran la filosofía, la historia, la literatura, las artes visuales y la música, pero no son coextensivas con el concepto, más amplio, de cultura. Podríamos decir que la cultura es aquello que las humanidades estudian y que, a la vez, las contiene, puesto que ellas mismas son una actividad cultural. Separar las dos cosas es, por lo tanto, necesario para abordar un problema que se deriva en parte de esta misma confusión.

Me adelanto a la previsible crítica de quienes echarán en falta en este ensayo una atención específica a la relación entre cultura y ciencia, y lo mismo se puede aducir sobre su conexión con la educación. Quiero que quede claro desde el principio que, como se verá en distintos momentos a lo largo de estas páginas, para mí la ciencia es cultura. No se justifica, por lo tanto, hablar de relación como si se tratara de dos ámbitos separados. La división entre una cultura científica y una cultura humanística, y la necesidad de estrechar la relación entre ambas fue argumentada por Charles Percy Snow, pero, como acabo de explicar, el sentido de la cultura al que me refiero no se limita a la cultura humanística. Además, no soy ni remotamente experto en temas científicos, así que me abstendré de aventurarme en un campo con el cual no estoy familiarizado.

En cuanto a la educación, que sí es mi campo, precisamente por ello tengo que elegir entre dedicarle un libro entero o pasar por encima de puntillas. Volveré sobre el tema en las conclusiones: para mí, educación y cultura están tan íntimamente ligadas que me cuesta pensarlas por separado. No me convence la manera de administrarlas como esferas de responsabilidad política aisladas, como si una fuera esencial y la otra accesoria, y como si afectaran a etapas diferenciadas y sucesivas de la vida. No doy por acabada mi educación, que espero que continúe más allá de mi jubilación, ni la sé disociar de otras prácticas culturales que me acompañan desde la infancia. Se da por sentado con demasiada facilidad que una tiene la función de enseñar lo útil y la otra lo superfluo.

Comparto en gran medida los razonamientos que expone Nuccio Ordine en *La utilidad de lo inútil* acerca de los saberes no instrumentales: sirven para todo porque no sirven para nada, es decir, porque no están al servicio de necesidades concretas. En esta época en que los beneficios de la educación se miden por las competencias adquiridas que preparan para el mercado laboral, la libertad respecto de la servidumbre de lo útil y de la productividad puede abrir espacios para la crítica y la resistencia a las prescripciones de un sistema que impide imaginar otro mundo posible. Sin embargo, esta capacidad de pensar a contracorriente sin supeditarse a la utilidad ni al provecho no está restringida a las humanidades entendidas a la manera tradicional, sino que abarca otras actividades culturales, desde las ciencias al cómic o al hiphop. Cuando Ordine cita a Georges Bataille para apelar a la significación de lo *excedente* y del gasto de energía *superflua*, debemos recordar que éste se está refiriendo también al carácter cultural del carnaval, el lujo y el ritual religioso. Frente a la primacía de la economía como administración de los recursos escasos y a los mensajes de austeridad, Bataille subraya que lo propio del ser humano, y de la naturaleza en general, es el exceso. Y que nosotros mismos somos un exceso y un lujo de la naturaleza, costoso hasta niveles catastróficos.

La consideración del papel del conocimiento humanístico es inseparable del debate sobre el valor de la cultura, pero para llegar a este punto hay que partir de más lejos, de una visión de conjunto del funcionamiento del sistema que no se base en el apriorismo de una jerarquía cultural, sino que dé cabida a prácticas no prestigiadas que son también cultura. En lugar de empezar lamentándonos por la pérdida de un paraíso que quizá nunca existió más que para unos pocos, sería deseable rescatar el valor de las humanidades mediante la fundamentación de la razón de ser de la cultura en su sentido más inclusivo. Más allá de una controversia entre alta y baja cultura, interesa poner en evidencia la dimensión invisible de la cultura, aquella ante la cual corremos el riesgo de ser como el pez que no sabe qué es el agua. La cultura como tal no está en crisis, aunque lo esté el concepto. Puede parecer que no importa, puede estar desatendida, pero no puede estar en crisis, porque la cultura es el marco ineludible de nuestra existencia.

Frente a quienes ven la cultura como un componente decorativo de nuestra vida cotidiana, toca constatar que casi todo lo importante que ocurre a nuestro alrededor es propiamente cultura, hasta aquello que nos conduce a la destrucción de la naturaleza. Se lucha y se mata por cultura: la mayor parte de los conflictos violentos que desgarran nuestro mundo tienen una base cultural, étnica, religiosa, de legados coloniales o memoria de agravios históricos. Ni el Brexit ni la victoria de Donald Trump se explican sin tener en cuenta que tanto los populismos como los nacionalismos responden a dinámicas culturales. Las tensiones identitarias, los flujos migratorios, los choques raciales, intergeneracionales y de género que agitan nuestras sociedades son manifestaciones de factores culturales. Aunque no lo parezca, es imposible separar el rostro hostil de la cultura de su faceta benévola y edificante y de su vinculación con las más elevadas actividades humanas.

2

EL VALOR CUESTIONADO

> Bien podría ser una mera fatuidad y hasta una indecencia debatir sobre la definición de la cultura en la edad de las cámaras y hornos de gas, de los campos de concentración, del napalm.
>
> GEORGE STEINER,
> *En el castillo de Barba Azul*

No faltan motivos para dudar del valor de eso que llamamos cultura. Ni todas las razones por las que está bajo sospecha son atribuibles al pensamiento neoliberal y al materialismo de nuestro tiempo. Tal vez conviene poner sobre la mesa las reservas más serias y contundentes desde el principio. La principal: la gran cultura europea no sirvió para frenar el Holocausto. Con *En el castillo de Barba Azul. Aproximación a un nuevo concepto de cultura*, de 1971, George Steiner recogía el testigo de un ensayo de T. S. Eliot, *Notas para la definición de la cultura*, publicado más de dos décadas antes, en 1948. Steiner se preguntaba cómo, sólo tres años después del final de la Segunda Guerra Mundial, con todo lo que se sabía acerca de las atrocidades cometidas por el nazismo, Eliot pudo escribir un libro sobre cultura y no decir nada sobre el Holocausto. Aquel silencio contaminaba todo el empeño, lo convertía en «un libro grisáceo por la impresión de la reciente barbarie». Estaba habitado por los espectros de las víctimas obviadas, por la pretensión de esquivar la responsabilidad de la cultura en los horrores del siglo XX.

El libro de Steiner parte de una mirada retrospectiva hacia el siglo XIX, para luego hacer un diagnóstico inmisericorde de su tiempo, la época de múltiples cuestionamientos que surge de las revoluciones culturales del 68, y predice, con notable clarividencia, el nuestro: hace medio siglo se anticipaba, en el último capítulo, a muchos de los efectos de los adelantos en genética e inteligencia artificial y a la contaminación del medio ambiente que contemplamos hoy en día. Identifica los costes y riesgos para la vida en el planeta, los desequilibrios económicos y la decadencia moral, y constata que se estaba poniendo en cuestión, ya en aquel momento, el axioma del progreso, según el cual los avances en tecnología y conocimiento llevan inexorablemente hacia un futuro mejor. A la vez, Steiner reconoce que la naturaleza del ser humano lo impulsa en busca del conocimiento, que no se puede resistir a abrir cada puerta del castillo de Barba Azul, incluso aunque «la puerta siguiente se abriera a realidades ontológicamente opuestas a nuestra cordura y nuestras limitadas reservas morales», y concluye que el reto para la cultura de nuestro tiempo es «ser capaz de encarar posibilidades de autodestrucción y sin embargo entablar el debate con lo desconocido».

La falta de fe en el progreso que Steiner identifica en un estado incipiente es ahora un lugar común. Es más difícil defender la tesis contraria, el optimismo. Y esta percepción pone en crisis, paralelamente, el propio concepto de cultura. ¿Cómo fiarse de las virtudes de la cultura cuando ésta no es capaz de protegernos de nosotros mismos ni de frenar la barbarie del nazismo? En el centro de la discusión de Steiner sobre qué es la cultura se encuentra esta constatación perturbadora: bibliotecas, museos, teatros, universidades y centros de investigación continuaron funcionando e incluso prosperando al lado de los campos de concentración. Ser culto, y hasta filósofo, no fue incompatible con ser nazi. En muchos de los verdugos, el disfrute y el cultivo de las artes coexistió con el sadismo político.

Steiner explica que, cuando señala esta aparente incongruencia, se tropieza con la misma reacción: «¿De qué se asombra usted? ¿Por qué esperaba usted otra cosa?». Le dicen que debería haber sabido que no hay una correlación necesaria o suficiente entre el nivel cultural y la conducta humanitaria o el impulso político. Éste es un dato que hoy damos por sentado: lo único que nos sorprende es que a Steiner le sorprenda o escandalice. Estamos curados de espanto. Y él mismo nos dice: es terrible, moral y psicológicamente, nuestra incapacidad para el asombro. Los primeros rumores sobre lo que ocurría en los campos de exterminio no fueron creídos porque resultaban inconcebibles. Después de aquello, ya nada nos resulta inverosímil. Por ello, para Steiner, la «adormecida prodigalidad de nuestra familiaridad con el horror es una radical derrota humana». Nuestro desencanto es uno de los principales síntomas del estado de la cultura.

Descontar el horror de la reflexión sobre la cultura, como hizo Eliot, entraña hacer trampas con el sentido del proyecto ilustrado. Se suponía que los avances en educación, en el cultivo del pensamiento, las letras y la sensibilidad artística desterrarían progresivamente la barbarie. Desde Voltaire a Matthew Arnold, se imponía el consenso de que familiarizarse con «lo mejor que se ha pensado y dicho en el mundo» es el camino para perfeccionar al ser humano y a la sociedad. Ambos compartían la creencia, nos recuerda Steiner, de que las humanidades humanizan. Éste es un postulado que está definitivamente en entredicho y que no somos ya capaces de formular sin rubor más que como interrogación. Tenemos sobradas pruebas de la falta de correlación entre conocimiento y moral.

Cabría pensar que a la cultura le pasa como al Dios de la religión cristiana: a ambos se les pide cuentas sobre el lugar del mal en el mundo, como si fuera su responsabilidad erradicarlo, y se les echa en cara cuando no lo hacen. La teología se ha dotado de una amplia batería de defensas contra esta acusación y parece razonable que, en el orden secular, no se le pida a la cultura que sea la panacea para aquello que ningún dios ha podido resolver. En medio del escepticismo contemporáneo, periclitado el ideal de progreso, resulta relativamente fácil renunciar a las altas aspiraciones civilizatorias de la cultura y asumir su menguado papel. Queda, en consecuencia, aparcada en un decorativo rincón.

Sin embargo, tal como argumenta Steiner, una visión de la cultura desprovista de un horizonte utópico pierde su razón de ser. Si no se puede idear un modelo cultural inspirado por la promesa o, por lo menos, el anhelo de construir un mundo mejor, ¿para qué sirve el patrimonio de siglos de pensamiento y creación? La rebaja de las aspiraciones y el realismo resignado concuerdan con las devastadoras lecciones de los últimos cien años, son de una racionalidad implacable, pero la renuncia a lo que Steiner llama «el sueño milenario» nos deja desnudos de los instrumentos de los que, como especie, nos habíamos dotado y de las metas que nos habíamos propuesto para hacer más benévola la existencia.

¿Las humanidades humanizan? No forzosamente, contestamos. Y nos quedamos tan anchos. Pero si no cumplen esta función, ¿en qué o en quién recae? ¿O simplemente no cabe aspirar a otro horizonte de lo posible que sea, además, más humanitario? En los tiempos que corren, las únicas utopías que se nos ofrecen son las que prometen los descubrimientos tecnológicos en genética e inteligencia artificial. Estos vaticinios de un futuro posthumano no incluyen garantía alguna de una sociedad más justa y libre. Los que puedan permitírselo vivirán muchos más años y algunos pretenden alcanzar la inmortalidad. Las máquinas trabajarán por nosotros, anticiparán y moldearán nuestros deseos, pero no está claro cómo se ganará el sustento y satisfará sus deseos la mayoría que no sea dueña de las máquinas. Sabemos que, hoy por hoy, el factor cultural que prevalece es la distinción entre un *nosotros* y un *ellos* (nunca un *vosotros*). Y el principal problema político consiste en impedir que *ellos*, los que quieren vivir como *nosotros*, entren en nuestra casa y nos roben *lo nuestro* (nuestro dinero, bienestar o identidad).

La otra grave objeción a la cultura es la desigualdad en la que se fundamenta y que perpetúa: Steiner reconoce que buena parte de los logros de la civilización occidental son inseparables del entorno de injusticia social, de la explotación de una clase por otra, del expolio colonial, del absolutismo y hasta de la violencia en la que florecieron. El bienestar y la riqueza de unos pocos a costa de la mayoría crearon las condiciones de privilegio que hicieron posible el cultivo de las artes y el pensamiento y su elevación hasta las altas cotas que justifica la defensa de sus virtudes. ¿Cómo conciliar la idea de que la cultura es un bien común de primera necesidad con la constatación de que su disfrute está reservado a una minoría selecta?

La supuesta supremacía cultural de Occidente se construye sobre la hegemonía política y económica que autoriza a establecer la jerarquía del valor. El elitismo cultural es indisociable de otras formas más elementales de distinción social que estratifican a productores y receptores. Cuando Virginia Woolf pone como condición para que la mujer escriba el disponer de una habitación propia, además de una reivindicación feminista, expone una diferenciación de clase. A Steiner le llama la atención el clamoroso silencio de Eliot sobre el Holocausto, pero lo que sí dice Eliot es tan preocupante como lo que calla: sostiene que «es una condición esencial de la preservación de la calidad de la cultura de la minoría el que continúe siendo una cultura minoritaria». Cuestiona así una de las premisas que fundamentan el valor social de la cultura como motor de progreso: el supuesto de que, al democratizar el acceso a las formas más elevadas de producción cultural a través de la educación, se eleva el nivel del conjunto de la sociedad. Para Eliot esta expansión de los beneficios de la cultura la devalúa inevitablemente. Sólo quienes están cualificados pueden participar de su exigente valor, pero la aristocracia del espíritu ha llegado a esta privilegiada posición gracias, en gran medida, a ventajas materiales y sociales concretas que Eliot obvia. Como lo hacen todos cuantos cantan las alabanzas del canon occidental: Harold Bloom no confronta la excelencia de los autores y obras que selecciona con las hegemonías políticas y el orden social que fueron su caldo de cultivo y que permiten que reconozcamos su singularidad. Ni se asoma a los espacios de exclusión, desatendidos, dando por supuesto que, si no están en el centro del canon y él no los conoce, es porque no se lo merecen.

Steiner se interroga sobre el coste de esta cultura y sobre quién lo paga. Y aquí no se trata de si los ciudadanos que no van a la ópera la sufragan con sus impuestos, sino de los siglos de explotación, discriminación y opresión que subyacen al repertorio magnífico de la cultura occidental. No hace falta negar el valor de esta herencia, de la que nos alimentamos y que nos constituye hasta extremos de los que no somos conscientes, sino tener en cuenta los entornos y dinámicas que la hicieron posible para encarar sus implicaciones éticas. Sin estas consideraciones, la hipótesis de que la cultura beneficia a la sociedad no puede demostrarse. Y si sus beneficios tienen un precio, no vale ocultarlo; hay que saber cuál es, si es asumible y si el resultado compensa. El genio de Mozart no lo explica ningún contexto y nuestro mundo sería más pobre sin él, pero su carrera estuvo determinada por las circunstancias históricas y el régimen absolutista del imperio austríaco. A partir de los innumerables ejemplos de correlación que cabe citar, la pregunta, para Steiner, es si «una cultura superior está inevitablemente entretejida con la injusticia social».

Las dos impugnaciones que Steiner rastrea no son menores: ¿para qué sirve producir y transmitir cultura si no consigue contener la barbarie? Y, aun concediendo su excelencia, ¿acaso no tiene un coste en desigualdad demasiado elevado? Éstos son los reparos que, según él, opuso la contracultura de los sesenta, y que llevaron al colapso de la jerarquía tradicional de valores y la ancestral pretensión de superioridad de la cultura occidental. Steiner denomina *postcultura* al nuevo escenario que sucede a esta crisis: la cultura que viene después de la cultura, es decir, de aquella concepción de la cultura que defendía Eliot (y que no podemos dar del todo por enterrada porque sigue aflorando periódicamente en voces como la de Vargas Llosa).

¿Dónde nos coloca a nosotros este diagnóstico de Steiner que tiene ya medio siglo? ¿Estamos en la era de la postpostcultura? ¿O en la neopostcultura? ¿O tal vez hemos revertido a la noción de cultura anterior a la crisis, de la que son portavoces los discursos nostálgicos, para darla por inútil y finiquitada y prescindir definitivamente de ella? Y, de ser así, ¿con qué la sustituimos? Todos estos prefijos que sugieren superación caducan con mayor rapidez que aquello que pretenden dejar atrás. El esquema levemente dialéctico que inspira a Steiner—tras la cultura y su opuesto, la contracultura, vendría una postcultura—oculta la imposibilidad de situarse *fuera de* la cultura. No puede haber un después ni una superación de aquello *en* lo que somos y *por* lo que somos. El momento de la postcultura (que está por llegar, y sin duda llegará) coincide con el de lo posthumano: es lo que vendrá tras el fin de nuestra especie y por lo tanto no vale la pena que nos preocupemos por asignarle una categoría.

Sin embargo, sí cabe superar una determinada visión de la cultura, un modelo específico que tuvo una larga vigencia, dependiente de ciertas hegemonías, y que fue sometido a una crítica implacable en un siglo que puso en evidencia sus vergüenzas y su fragilidad. Lo que Steiner sentencia es el final de una época de complacencia y certezas. Se tambalearon los antiguos consensos. Pero esto no nos sitúa en un después de la cultura sino ante la necesidad de reformular las preguntas y lanzarnos en busca de nuevos modelos para dar cuenta de la creciente complejidad del paisaje y del paisanaje. Sin añoranzas, pero sin tirar el pasado a la basura irresponsablemente, porque la cultura se edifica sobre la memoria.

Las interpelaciones que Steiner puso sobre la mesa son imperativas. Cualquier examen del sentido de la cultura ha de tenerlas en consideración. Pensar para qué no sirvió es un modo de entender qué se le puede pedir. Y esto depende de cómo la definamos. Cuando Eliot escribe que la cultura es una manera de vivir (*a way of life*), la expresión tiene dos significados posibles y él mismo explota esa ambigüedad: un estilo de vida dedicado a «la adquisición de la sabiduría, el disfrute del arte y el placer del entretenimiento», o el más amplio, que se refiere a toda forma de estar en el mundo, a cómo los seres humanos organizan su existencia.

3
DE DIFÍCIL DEFINICIÓN

> El significado de la palabra *cultura* es a la vez tan amplio y tan estrecho que cuesta creer en su utilidad. En su sentido antropológico abarca de todo, desde los estilos de peinado y los hábitos de bebida hasta cómo dirigirte al primo segundo de tu marido, mientras que en su sentido estético incluye a Ígor Stravinski, pero no la ciencia ficción.
>
> TERRY EAGLETON,
> *La idea de cultura*

Prácticamente todos los debates sobre la relevancia social de la cultura o sobre políticas culturales a los que he asistido, incluyendo alguno que yo mismo he organizado, han empezado diciendo que no se abordaría la definición de qué es cultura porque es una cuestión compleja que absorbería toda la discusión, o simplemente han obviado el tema. Como resultado, al no precisar de entrada qué es la cultura, es decir, qué definición de ésta se maneja, cuando se defiende que importa, no queda claro qué es lo que se supone que importa. En este breve ensayo, por lo tanto, no voy a recurrir a la excusa de que la brevedad me impide tratar esta cuestión fundamental. Si no sabemos de qué hablamos cuando hablamos de cultura, difícilmente podemos argumentar o debatir nada. Se da por sentado demasiado, se esquiva el fondo del problema porque parece tener poca utilidad práctica, y así se consigue que buena parte de la sociedad tenga la impresión de que se trata de reclamar subvenciones, mantener privilegios y, en resumidas cuentas, justificar el apoyo del erario público para sostener la existencia de un conjunto de actividades que se resisten a someterse del todo a las leyes del mercado. Las conversaciones dentro de los distintos sectores y entre los representantes de éstos se reducen casi siempre a exponer un memorial de agravios y a enumerar carencias, partiendo de la base de que lo que hacen es bueno para la sociedad y, por lo tanto, merece recibir recursos públicos, sin acabar de concretar en qué consiste esa bondad (tarea sin duda difícil pero que no debería ser imposible). Así, facilitan la labor de aquellos políticos que, por inclinación ideológica, miran este ámbito con sospecha, lo degradan a puro entretenimiento y optan por penalizarlo con impuestos que gravan el consumo suntuario. Lo endeble de los cimientos del debate incentiva esta confusión.

Raymond Williams sostenía, al iniciar su intento de definición del término en *Palabras clave* (1976), que *cultura* es una de las dos o tres palabras más complicadas de la lengua inglesa. Y lo mismo cabría decir de otras lenguas. En este ensayo podría acudir, como punto de partida, a diversas definiciones. Williams me sirve, de momento, por dos motivaciones que su proyecto comparte con el mío: el intento de hacer confluir las distintas acepciones del término y la preocupación por situar la perspectiva política en el centro del debate sobre cultura. Una tercera razón para invocarlo al empezar es que, como él mismo confiesa, la curiosidad acerca de la palabra misma y sus usos está en el origen de su trayectoria intelectual.

El primer paso, ineludible, es aclarar que la cultura no es sólo lo que aparece en las páginas de cultura de los periódicos ni aquello que es competencia de un ministerio de cultura. Es decir, no se reduce a las artes, las letras y el pensamiento. Esta precisión, que parece que caiga por su propio peso, tropieza sin embargo con la evidencia de que, en el uso coloquial del término, y sobre todo en los cálculos políticos y económicos, prima el reduccionismo. Se aceptan, a regañadientes, ciertas ampliaciones, porque las fronteras son difusas, y se puede decir que los videojuegos y los cómics son cultura, pero si incluimos la gastronomía, la moda, los deportes, la publicidad, la religión, o, para algunos, los toros, enseguida nos damos cuenta de que nos hemos deslizado hasta una definición más amplia: la cultura no ya como ciertas formas de producción simbólica diferenciadas sino como actividades inseparables del quehacer cotidiano.

La etimología, un recurso habitual en Williams, nos remite al latín *colere* ('cultivar, proteger, habitar, rendir culto'), así que, a través de la agricultura, en lugar de encontrarnos ante la oposición clásica entre cultura y natura, se subraya la relación entre ambas y pasamos a ver la cultura como forma de intervención humana en la naturaleza, indistinguible de nuestro lugar y acción en el mundo. Sería al mismo tiempo un sistema de relación con el entorno, natural y social, y de interpretación de éste, que organiza, modifica y da sentido a la experiencia humana. A la vez, esta conexión con la naturaleza nos recuerda que los descubrimientos de la biología humana contradicen la supuesta oposición entre naturaleza y cultura, entre lo innato y lo adquirido, al apuntar a la base genética de buena parte de los comportamientos y tendencias que se atribuían al entorno. Se trata, como explica Terry Eagleton, de lo que nosotros le hacemos a la naturaleza y de lo que la naturaleza nos hace a nosotros. La contribución de la ciencia, por lo tanto, no puede ser ajena a esta discusión, aunque la distinción entre lo innato y lo adquirido tiene una relevancia marginal en las cuestiones que estoy explorando, puesto que lo decisivo es que son consustanciales al ser humano, por una u otra vía.

Edward Burnett Tylor formuló, en 1871, la definición antropológica canónica:

La cultura o civilización, en sentido etnográfico amplio, es ese todo complejo que incluye el conocimiento, las creencias, el arte, la moral, el derecho, las costumbres y cualesquiera otros hábitos y capacidades adquiridos por el hombre en cuanto miembro de una sociedad [*Primitive Culture*].

Entre los dos extremos, la definición restringida, que identifica la cultura con aquellas actividades que los griegos pusieron bajo la protección de las musas, y la amplia, de raíz antropológica, que abarca usos, costumbres, mitos y visión del mundo, oscilan casi todas las discusiones sobre el tema, como si nombráramos con la misma palabra cosas muy distintas y por ello nunca resolviéramos esta compleja cuestión. Las definiciones estarían, por lo tanto, determinadas por la perspectiva disciplinar, o incluso gremial, que obstaculizaría un acuerdo sobre premisas comunes: los artistas, los antropólogos, los humanistas, los gestores, los periodistas y los políticos no hablan necesariamente del mismo objeto ni les interesa por las mismas razones.

En lugar de esta visión bipolar, Williams propone un esquema con tres acepciones principales. A partir de un resumen histórico de los avatares de los conceptos de cultura y civilización, particularmente en francés y en alemán, que no vale la pena repetir aquí, da una primera definición de cultura como el proceso general de desarrollo intelectual, espiritual y estético, vinculado a la noción ilustrada de progreso contenida en el término francés *civilisation*. La segunda, asociada al alemán *Kultur* y, desde Herder, a la diversidad de culturas, en plural, como maneras de vivir específicas de pueblos, períodos o grupos. Y la tercera, en el sentido restringido del que hemos hablado, las obras y prácticas derivadas de la actividad intelectual y artística. Lo sugerente de esta propuesta no es el matiz de pasar de dos a tres acepciones, porque hay otros esquemas con bastantes más variantes. Williams se distingue por atender no a la clarificación de los usos específicos de cada disciplina sino a la gama y el solapamiento de significados: «La complejidad de sentidos indica una argumentación compleja acerca de las relaciones entre el desarrollo humano general y una manera particular de vivir, y entre ambos y las obras y prácticas del arte y la inteligencia». Buscar el entramado de relaciones entre los diversos usos del término es el camino para resolver la aparente confusión y acercarnos a un sentido integrador.

Ésta es, precisamente, la tesis del presente ensayo. El valor y la función de la cultura no se explican oponiendo una definición a otra, las artes y el pensamiento a las formas de vida, la cultura humanística a la científica, o la alta cultura a la cultura de masas, ni desde ninguna otra dicotomía, sino desde la complejidad que integra las múltiples facetas. La cultura es una sola cosa, como uno el nombre que la designa, y no un caso de homonimia, aunque incluye dentro de sí múltiples elementos y factores en relación dinámica. Uno de los objetivos al dilucidar su funcionamiento, por lo tanto, es establecer el papel que juegan «las obras y prácticas del arte y la inteligencia», a las cuales se refiere la definición restringida de cultura, en el diseño de opciones y modelos de vida que configuran las diversas comunidades culturales, las culturas en plural, y en la elaboración crítica de aspiraciones sociales que amplían el imaginario de lo posible, es decir, de la cultura como ideal civilizatorio o de progreso.

La producción simbólica que nos rodea, tanto si pertenece a la alta cultura como a la cultura de masas, forma parte del proceso de construcción de memoria colectiva, genera relatos de identificación grupal, transmite valores, ofrece ejemplos de conductas válidas e inválidas, gratifica en el reconocimiento de lo familiar, introduce el aprendizaje de lo nuevo, lo ajeno, lo extraño. Delimita un espacio de lo propio y ayuda al conocimiento del otro, favoreciendo no sólo la diferenciación sino también la interacción entre culturas. No es ajena, por lo tanto, a los usos, costumbres y relatos identitarios de una comunidad, sino uno de los canales mediante los que se transmiten y consolidan. A la vez, dicha producción simbólica tiene la capacidad de ejercer como contrapunto crítico, ya sea enfrentando la sociedad a su retrato, como hizo Charles Dickens, u ofreciendo una visión de lo que podría o debería ser. Es un lugar común que las distopías de la ciencia ficción son a menudo denuncias, lúcidas o paranoicas, de las amenazas del presente. La cultura, en singular o plural, aporta instrumentos para la interpretación del mundo cuyo alcance va de las prácticas cotidianas a la religión y la ideología.

Habría así una correlación entre las tres maneras de entender la cultura: las artes y el pensamiento (definición restringida de cultura) realizan el ejercicio crítico de proponer modelos de vida a los que aspirar o que cuestionar (cultura como civilización) que se proyectarían sobre las distintas realidades sociales, materializándose en mayor o menor grado en la gama de conductas y opciones disponibles para los miembros de un colectivo (definición antropológica). La noción ilustrada de cultura como proceso de perfeccionamiento de la humanidad actuaría como motor utópico e instrumento crítico. Correspondería a los procesos de cambio social y político el adecuar la especificidad de las diversas culturas a un supuesto ideal.

Éste es el esquema que ha entrado en crisis. Según Eagleton, lo que conecta la cultura como crítica utópica, la cultura como manera de vivir y la cultura como creación artística es que las tres son reacciones al fracaso de la cultura como civilización real, como gran narración del desarrollo humano. Las grandilocuentes proclamaciones de las virtudes de la civilización occidental mostraron su fragilidad ante la incapacidad de corregir desigualdades e injusticias. Las pretensiones de universalidad se revelaron como coartadas del eurocentrismo y de la explotación. La bancarrota de aquel ideal de progreso se llevó por delante el consenso sobre el valor de la cultura, que parecía impotente para cumplir aquello que prometía. Y se puso en evidencia que, en las sociedades estratificadas, es un grupo hegemónico el que impone las normas sobre en qué consiste ser una persona culta o cultivada. Estas imputaciones son las mismas a las que hacía referencia Steiner: el siglo XX asistió al hundimiento paralelo de la fe en el progreso y en la autoridad edificante de la cultura. Sin embargo, el mismo Steiner sostiene que es difícil concebir la cultura desprovista de un horizonte de utopía. ¿Para qué sirve la cultura si no nos ayuda a pensar y a hacer posible un mundo mejor? Un elemento consustancial a la definición de qué es la cultura es la crítica que contrasta el mundo que es y el que imaginamos. Y por esta brecha entre lo dado y lo posible se cuela subrepticiamente, en la definición de cultura, la política.

La política no es un componente explícito en ninguna de las acepciones habituales del concepto de cultura. Más bien al contrario, en el uso más corriente y restringido la cultura es vista como algo que está fuera de la política, al margen: un espacio de evasión de los conflictos. Sin embargo, ninguna de las tres maneras principales de entender la cultura es ajena a la dimensión política. Tanto la concepción de la cultura como civilización como el conjunto específico de mitos, valores y pautas de conducta mediante el cual una comunidad se organiza e identifica a sí misma constituyen modelos ideológicos que movilizan actuaciones políticas. Incluso el supuesto oasis de obras y creadores ejemplares, junto con las instituciones que regulan, difunden y perpetúan su legado, son una medida, según explica Eagleton, que a la vez encarna y evalúa una manera de vivir. El doble carácter descriptivo y prescriptivo de la producción simbólica, que contrapone lo real y lo deseable, la predispone a las intervenciones críticas y a la carga de potencial político. Es un instrumento político porque está al alcance y forma parte de la vida de todos los ciudadanos. Para Williams, lo fundamental es subrayar que la cultura es ordinaria, está en cada sociedad y en cada mente, no es algo excepcional que está en un altar aparte del resto de la experiencia humana. Cada sociedad tiene su propia configuración, sus objetivos y su sentido, y los expresa en sus instituciones, en las artes y el pensamiento. Y tanto la sociedad como los individuos se forman en el debate entre la transmisión de sentidos y propósitos compartidos, que hacen posible el trabajo y la comunicación, y la adquisición y puesta a prueba, mediante la experiencia, el contacto y el descubrimiento, de nuevos conocimientos y objetivos. Según esto, la naturaleza de una cultura tiene una doble vertiente: es siempre tanto tradicional como creativa, repite esquemas familiares y experimenta cambios y novedades. Está representada por la continuidad del sustrato común más ordinario y por contribuciones individuales excepcionales. Y ambas facetas, precisa Williams, son complementarias, no dispares:

Usamos la palabra cultura en estos dos sentidos: para significar la totalidad de una forma de vida—los significados comunes; para significar las artes y el conocimiento—los procesos especiales de descubrimiento y esfuerzo creativo. Algunos escritores reservan la palabra para uno u otro de estos significados; yo insisto en ambos y en la importancia de su conjunción.

Es una definición que puedo suscribir, de entre varias válidas, porque da cuenta de la relación entre producción simbólica y existencia humana.

4
PARA QUÉ SIRVE LA CULTURA

But jealous of our god of dreams,
His common-sense in secret schemes
To rule the heart;
Unable to invent the lyre,
Creates with simulated fire
Official art.

And when he occupies a college,
Truth is replaced by Useful Knowledge;
He pays particular
Attention to Commercial Thought,
Public Relations, Hygiene, Sport,
In his curricula.

[Pero celoso de nuestro dios de ensueños, | su sentido común trama en secreto | gobernar el corazón; | incapaz de inventar la lira, | crea con fuego simulado | el arte oficial. || Y cuando ocupa una universidad, | la verdad se sustituye por el Conocimiento Útil; | presta atención | particular al Pensamiento Comercial, | las Relaciones Públicas, la Higiene y el Deporte, | en sus *curricula*].

Estos versos pertenecen a un poema que Auden recitó en una visita a Harvard tras la guerra, «Bajo qué lira. Un tratado reaccionario para estos tiempos». Cuando finalmente duerme Ares, dios de la guerra, se declara un enfrentamiento nuevo entre los hijos de Hermes, rebeldes, juguetones e inclinados a los sueños y a las fantasías, y los aplicados y sensatos hijos de Apolo, ocupados en trabajos aburridos, pero más capacitados para el gobierno. No pasaría nada, dice el poeta, si cada uno se dedicara a lo suyo. Sin embargo, celosos del dios de los sueños, los hijos de Apolo intrigan para gobernar el corazón con el sentido común: la verdad es reemplazada por conocimientos útiles y se privilegia la enseñanza del pensamiento comercial (lo que hoy llaman *emprendimiento*). El diagnóstico de Auden sobre el avance victorioso de los tecnócratas y el utilitarismo en la educación y la cultura fue profético.

Los dos argumentos que se invocan preferentemente para defender el valor social de la cultura son la contribución del sector a la economía y su papel como instrumento de cohesión social. Son los pilares de cualquier discurso de los políticos con competencias en el área, repetidos como un mantra, y recurren a ellos con la misma frecuencia los propios agentes culturales. A fuerza de tener que convencer a los responsables de las políticas gubernamentales, a otros posibles benefactores y a la opinión pública, los gestores culturales, directores de equipamientos, líderes de asociaciones artísticas o gremiales y organizaciones empresariales, técnicos, expertos y asesores, han adoptado la misma justificación. Todos buscan indicadores con los que medir los beneficios sociales de la cultura. Los que distribuyen los recursos y los que los reciben manejan el mismo lenguaje, quizá porque ambos grupos necesitan persuadir a un tercero, el contribuyente, cuyo dinero ayuda a mantener el sistema cultural, tanto público como privado, puesto que, en países como el nuestro, también una parte importante de este último depende, directa o indirectamente, del apoyo público.

Ésta es la situación, precisemos, en aquellas sociedades donde el Estado interviene en el sistema cultural y contribuye a su sostenimiento por considerar que beneficia a la colectividad y merece ser protegido. Se trata, por supuesto, de un ideologema que no todas las sociedades comparten y que es insistentemente atacado desde premisas neoliberales, pero las prácticas demuestran un consenso bastante extendido. Desde la conservación del patrimonio histórico con fines turísticos o la propiedad estatal de bibliotecas, museos y auditorios, al fomento de las artes mediante subvenciones directas, deducciones fiscales para las donaciones, o premios, son múltiples las medidas de participación del sector público. Este aspecto es relevante para mi exposición porque requiere como condición que se acepte que la cultura es un bien común. Si sólo beneficiara a unos cuantos usuarios, no se justificaría el apoyo público. Cualquier reivindicación de las necesidades del sistema cultural, por lo tanto, pide una argumentación sobre su función social, una explicación de para qué sirve y a quién sirve. Pone a prueba la tesis de este ensayo.

Sin duda los dos argumentos, el económico y el de la cohesión social, son ciertos. Abundan las cifras y datos objetivos para sustentar el primero. En una economía de servicios, la cultura tiene un papel evidente: la industria editorial, la musical o la audiovisual generan riqueza y empleo. El modelo Guggenheim-Bilbao, por ejemplo, es repetidamente citado e imitado por sus efectos de regeneración urbana. El turismo cultural se asocia con una oferta de mayor calidad y una demanda más selecta. Más difícil es determinar en qué consisten los beneficios en cohesión social, pero hay indicios suficientes. Las bibliotecas de barrio promueven actividades, como grupos de lectura, que ayudan a crear comunidad, y una compañía de danza, por ejemplo, puede organizar talleres con colectivos en riesgo de exclusión social. Las manifestaciones de cultura popular de raíz tradicional movilizan a un voluntariado numeroso y entregado, son a menudo un motivo de identificación colectiva y, además, de atracción turística. Sin embargo, la cohesión tiene un alcance más amplio y difícil de medir cuando pensamos, por ejemplo, en la función que el paquete lengua-literatura-nación tuvo en los procesos de construcción nacional del siglo XIX en Europa y, de manera equivalente, en cómo museos, monumentos conmemorativos, novelas, películas o reportajes de televisión ayudan a forjar la memoria colectiva de una sociedad, subrayando los agravios pasados o los procesos de reconciliación, y a configurar su identidad.

El problema está en que estas argumentaciones se fijan en lo que podríamos llamar *efectos colaterales* de la cultura para calcular su valor según criterios utilitaristas. Los gobiernos buscan evaluar el impacto social de la cultura para tomar decisiones políticas y económicas sobre recursos escasos. Y los agentes culturales se ven obligados a aceptar esta lógica y aportar indicadores evaluables. Aunque se demuestre, como hace David Throsby, que el valor económico y el cultural no coinciden, el primero resulta mesurable y el segundo no, por lo que, para decidir un gobierno o la fundación de un banco cuánto vale la pena invertir en cultura, el cálculo de coste y beneficio se acaba imponiendo. Y decir que el beneficio es intangible no acalla las objeciones.

La tendencia es a evaluar factores extrínsecos precisamente porque el valor intrínseco de la cultura es difícil de precisar. Hay una extensa literatura sobre el tema, especialmente en el Reino Unido, donde las políticas culturales han estado sometidas a una estricta fiscalización desde el thatcherismo de los ochenta. Expertos en técnicas de evaluación de la cultura, como John Holden, han debatido la dificultad de medir los valores instrumentales de la cultura e identificar los intrínsecos, esforzándose en buscar fórmulas aplicables a la planificación de las políticas públicas sin conseguir escapar de la lógica de los indicadores y la utilidad.

Siempre cabe acudir a la posición de Nuccio Ordine para razonar que lo propio de la cultura es ser inútil, no servir, que de ahí se deriva su utilidad y que por lo tanto no vale la pena pedirle cuentas en este sentido. Sin embargo, esta evasiva se apoya en una definición limitada de cultura y deja de lado la evidencia de que la cultura tiene efectos, hace cosas, aunque probablemente no sólo ni primordialmente aquellas que los políticos y los técnicos en evaluación le piden que haga. Los efectos son, a menudo, a largo plazo y demasiado difusos para postular la conexión con una causa concreta. Y tampoco se puede medir lo que no pasa, aquellas situaciones fallidas de las que la cultura nos salva: ¿cómo hacer una estadística de quienes encuentran una razón para vivir? Aunque la dificultad puede no estar en determinar qué hace y para qué sirve la cultura sino en salir del círculo vicioso del utilitarismo (que es contra el que batalla Ordine).

La defensa de las humanidades que Martha Nussbaum desarrolla en *Sin ánimo de lucro. Por qué la democracia necesita las humanidades* es una muestra de cómo intentar combatir la lógica utilitarista que domina la civilización actual, en este caso analizando las consecuencias que tiene para la educación. Nussbaum lo califica de crisis global de dimensiones masivas, debida a la priorización del crecimiento económico por encima de cualquier otro criterio de medición del bienestar. Es un modelo que prescinde de la igualdad, de la solidaridad, de la calidad de las relaciones raciales y de género, de la salud democrática y las libertades como objetivos fundamentales, supeditándolos a un desarrollo cuantificable en términos de PIB. En este clima, aquellos conocimientos que no producen provecho económico carecen de utilidad e interés político. Esto se expresa en el lema recurrente de que hay que formar a los estudiantes para el mercado laboral, dando preferencia a las enseñanzas aplicadas y rentables, como las tecnológicas y la gestión empresarial. Aunque reconoce que el bienestar económico, individual y colectivo es un objetivo deseable y legítimo al que la educación puede contribuir, Nussbaum contrasta una educación para la ganancia con una educación para la ciudadanía que fomente cualidades como el pensamiento crítico, la capacidad de abordar los problemas globales desde una perspectiva cosmopolita, trascendiendo tribalismos, y la empatía para saber ponerse en el lugar del otro.

Sin embargo, esta apología de la educación humanística no consigue escapar del razonamiento utilitarista, más elevado, pero no menos parcial. Las formas de producción cultural que convienen a la sociedad son las que inculcan valores cívicos y democráticos, una variante del criterio de cohesión. Para alcanzar estos objetivos beneficiosos, las propuestas de Nussbaum son normativas: requieren seleccionar los materiales y prácticas artísticas que tienen un potencial edificante a partir de una visión acerca de cómo los seres humanos deberían relacionarse entre sí. Se refiere, por ejemplo, al papel de la danza, del diálogo socrático y de la atención a la diversidad religiosa en la pedagogía de Rabindranath Tagore, uno de sus modelos favoritos. Como está respondiendo a una crisis educativa, la postura de Nussbaum es prescriptiva: su diagnóstico va seguido de recetas para educar a los ciudadanos en las emociones morales, evitando las «antimorales», por medio, entre otros recursos, del cultivo de la creatividad, la imaginación y el debate. La bondad del empeño es incuestionable, si bien presupone que los contenidos del conocimiento humanístico son edificantes y que hay que evitar exponer a los alumnos a productos culturales «disolventes» o «defectuosos» que fomenten el racismo, el sexismo, el clasismo, la xenofobia, la homofobia u otros prejuicios. Es una formación pensada para niños y jóvenes que distingue entre lo adecuado y lo inadecuado, y busca proteger a sus destinatarios de influencias negativas, aunque habría que añadir que la dimensión educativa de la cultura continúa en la edad adulta, y hacer frente a lo reprobable constituye también una vía de aprendizaje. Persiste en la propuesta de Nussbaum la premisa de que la cultura importa y sirve porque nos hace mejores, a la manera de Arnold, en lugar de admitir que la cultura importa y sirve porque nos hace. Porque moldea nuestra experiencia del mundo, para bien o para mal. Un artículo de Ian Allen en el *New York Times* («Inside the World of Racist Science Fiction», 30-08-2018) describe cuáles son las lecturas que definen la visión del mundo de los supremacistas blancos en Estados Unidos. Allen identifica los títulos más influyentes que circulan dentro de esta subcultura, en especial los de ciencia ficción sobre distopías futuristas, cuyas teorías conspiratorias, paranoia racial e instrucciones para la lucha han inspirado incluso algunos atentados terroristas, como el de Oklahoma City de 1995, copiado de *Los diarios de Turner*, de Andrew Macdonald (pseudónimo de William Luther Pierce, un conocido neonazi estadounidense), del cual se encontraron varias páginas en el coche de Timothy McVeigh. El reconocimiento de la influencia perniciosa de *Los diarios de Turner* llevó a que Amazon lo retirara de la venta tras el asalto de los seguidores de Trump al Capitolio. Los acontecimientos recientes demuestran hasta qué punto esta retórica se está normalizando y está alcanzando parcelas de poder gracias a gente como Steve Bannon, que fue asesor de Trump y que se refiere a menudo a alguno de estos libros. Aunque el ejemplo reafirma la tesis de Nussbaum de que es necesario ser selectivo en los contenidos que se fomentan, por otro lado, estrictamente en cuanto al funcionamiento de las dinámicas culturales, lo que se constata es que, incluso en una época en que se pone en duda la capacidad de influencia de la literatura, ésta y otras formas de producción simbólica tienen un impacto y efectos tangibles en el mundo real. Sirven a propósitos diversos pero, efectivamente, sirven.

Georges Bataille declaraba, en una entrevista televisiva con ocasión de la publicación de *La literatura y el mal*, en 1957: «Creo que es esencial hacer frente al peligro que la literatura representa. Creo que es un peligro grande y muy serio, pero sólo se es hombre cuando se afronta el peligro […] La literatura nos permite ver lo peor y hacerle frente, saber superarlo». En la Grecia clásica lo entendían así, y por eso el peligro de la poesía preocupó a Platón. No obstante, la asistencia a las representaciones teatrales era un deber ciudadano y aquel acto colectivo tenía una dimensión política equiparable al debate en el ágora. La puesta en escena de las pasiones extremas, de la violencia, la injusticia y hasta el sinsentido alimentaba la conciencia de comunidad no porque transmitiera lecciones tranquilizadoras sino porque exponía los conflictos que atenazan la existencia humana. ¿Qué tiene de edificante *Medea* de Eurípides? ¿O, sin ir tan lejos, *Esperando a Godot*, de Beckett?

Estamos de acuerdo en que conviene a la salud democrática de la polis el que los ciudadanos se formen en los valores cívicos, pero el legado de las humanidades no se presta fácilmente a una utilización normativa sin caer en el puritanismo, la parcialidad o la simplificación. Si regresamos a este planteamiento arnoldiano, se confunde el objetivo civilizatorio con los usos de la cultura en la negociación de la complejidad, en la navegación entre imaginarios de índole diversa, no todos recomendables. Las propuestas de Nussbaum en defensa de las humanidades parten de que la cultura proporciona pautas de comportamiento, marcos de interpretación y modelos de vida. Toda la discusión se fundamenta en el reconocimiento de esta capacidad instrumental que puede ser encauzada positiva o negativamente, y por ello mismo pide una intervención. Sin embargo, lo que caracteriza a la cultura no es el signo moral del resultado sino lo ineludible de su operatividad. La cultura actúa, a diversos niveles, como determinante de los procesos de construcción de sentido y relación con el entorno.

El núcleo de lo que sostiene Nussbaum acerca de la educación estaba anticipado en un artículo de André Maurois de 1961 acerca de otra institución cultural, «La biblioteca pública en el mundo actual». Maurois lleva a cabo una defensa de la lectura porque, dice:

Nuestra civilización es una suma de conocimientos y recuerdos acumulados por las generaciones que nos precedieron. No podemos participar de ella más que tomando contacto con el pensamiento de esas generaciones. El único medio de hacerlo, y de convertirse así en una persona «cultivada», es la lectura.

A partir de aquí, llega a conclusiones semejantes a las de Nussbaum: los libros nos hacen salir de nosotros mismos, amplían nuestros horizontes, generan empatía y comprensión del otro. Este conocimiento es necesario para la democracia porque la verdad está oculta y hay que aprender a buscarla trabajosamente:

El ciudadano de una democracia que desea cumplir con sus deberes a conciencia debe continuar informándose durante toda su vida. El mundo no se detiene el día en que dejamos la escuela. La historia continúa haciéndose; plantea problemas que comprometen el destino de la especie humana. ¿Cómo tomar partido, cómo defender argumentos razonables, cómo oponernos a la insensatez criminal si no conocemos las preguntas?

La biblioteca, que hoy adquiere otras formas y una dimensión virtual, representa para Maurois la proyección de la cultura más allá del sistema educativo, su materialización en el centro de la comunidad. Si en lugar de entenderla como un espacio físico y una colección de unos objetos llamados *libros*, asumimos su diseminación por todos los rincones de la vida cotidiana y su presencia en una pluralidad de dispositivos, incluidas nuestra propia memoria y configuración mental, nos acercaremos a lo que significa la cultura como repertorio de modelos y opciones para la vida.

Pasamos así de una concepción patrimonial, que privilegia la alta cultura, a otra más instrumental y próxima a la perspectiva antropológica. Es la diferencia entre preguntarse para qué sirve la cultura o preguntarse qué hace. La primera pregunta lleva implícita un juicio, subraya la utilidad y justifica el valor por la bondad de los fines. La segunda es descriptiva y neutral: reconoce la importancia de la cultura por su operatividad, porque cumple una función central en todo lo que somos y hacemos. La primera pregunta se formula a la defensiva, desde la paradójica posición de un elitismo acomplejado, que intenta hacer apología de algo que es percibido como socialmente irrelevante u obsoleto, porque se apoya en su definición más restringida. La segunda da por sentado que hablamos de un pilar fundamental e inescapable de nuestra existencia y que el objetivo es comprender el porqué y el cómo de esta centralidad. Preguntarse qué hace la cultura es desplazar el debate desde el cuestionamiento del valor hacia la determinación del sentido.

5
UNA CAJA DE HERRAMIENTAS

> Las estrategias de acción son productos culturales: las experiencias simbólicas, las leyendas populares y las prácticas rituales de un grupo o sociedad crean ambientes y motivaciones, formas de organizar la experiencia y de evaluar la realidad, modos de regular la conducta y maneras de crear lazos sociales que proporcionan recursos para construir estrategias de acción. Cuando advertimos diferencias culturales reconocemos que la gente no se ocupa de sus asuntos del mismo modo: la cultura da forma a su modo de afrontar la vida.
>
> ANN SWIDLER,
> «Culture in Action: Symbols and Strategies»

La manera más elemental de concebir la cultura es como una colección de bienes cuya posesión prestigia a comunidades o individuos. Así lo entiende la UNESCO cuando cataloga el patrimonio cultural, material e inmaterial, de la humanidad. ¿Qué tienen en común el Taj Mahal, Dante, la música *country*, el taichi, el Oktoberfest, un jarrón de porcelana china, los tatuajes maoríes, la ceremonia del té y *Las meninas*? Son bienes culturales, algunos tangibles y otros intangibles. La lista es arbitraria y los elementos son innumerables e intercambiables. El Taj Mahal puede ser la Sagrada Familia o el Monumento a los Veteranos de Vietnam. En lugar del taichi puedo poner el *break dance* o los castellers, y cambiar el Oktoberfest por el día de Sant Jordi, la ceremonia del té por el canto gregoriano. Nombran, simplemente, categorías. Dante puede ser Dostoievski, Salman Rushdie o J. K. Rowling. Para colmo, *Las meninas* puede ser sustituido por el cuadro de Banksy que se autodestruyó en una subasta tras ser adquirido por un coleccionista privado. Es decir, algunos de estos bienes tienen prestigio y reconocimiento, son valorados socialmente, cumplen un papel de identificación colectiva, a menudo nacional, y ejercen una atracción turística comercializable. Varios paquetes de estos bienes, de carácter literario, pictórico, musical o arquitectónico, han servido para cimentar la reputación internacional de algunos países y con frecuencia son muestra de momentos de hegemonía política. Otros, sin embargo, sin tener este reconocimiento masivo, ocupan una categoría funcional equivalente en la experiencia de los individuos o para grupos especializados. Poseer un Miró sin duda es motivo de orgullo en ciertos círculos, como en otros puede serlo lucir un elaborado tatuaje, tener una colección de cómics o tocar la guitarra en las excursiones. Tanto quienes frecuentan el *ballet* como los seguidores de los *realities* consumen productos culturales, sólo que deducimos que a unos les beneficia, además de como experiencia estética, en términos de distinción social, mientras que a los otros no.

El valor de estos bienes es relativo y cambiante según las épocas, pero lo más significativo es que quienes determinan su valor son instituciones y agentes sociales acreditados para establecer tal distinción entre los que se encuentran, precisamente, los poseedores de dichos bienes prestigiados, ya sea el soberano o una clase social. En el proceso interviene la comparación con los bienes que poseen otros colectivos; hay que contar con aquello que los otros también valoran para competir en prestigio pero, a la vez, hay que tener en cuenta que la dinámica se reproduce a diversos niveles: aquello que no es reconocido por los grupos hegemónicos puede tener gran relevancia dentro de ámbitos específicos, en una constante y variable tensión entre lo prestigiado y lo desprestigiado.

Más allá de las jerarquías, ésta es la visión dominante sobre qué es cultura: una colección de bienes o productos, prestigiados o no. Se puede ser más o menos selectivo en la delimitación; cada uno pone el listón de qué entra y qué no en un lugar distinto, pero el planteamiento es el mismo. Desde la perspectiva tradicional, arnoldiana, merecen la calificación de cultura sólo un conjunto selecto de estos bienes, cuya excelencia contribuye a la mejora de la humanidad. Pero, aunque los efectos de la exposición a uno u otro tipo de bienes sean decididamente distintos, todos ellos cumplen una función en el complejo entramado de esto que llamamos cultura. La antropología y la semiótica nos recuerdan que vestirse según una determinada moda, la decoración de una casa o la comida distinguen a los individuos y los grupos tanto como la afición a la ópera o a la lectura. Expresiones como *capital cultural* o *patrimonio cultural* hacen referencia a esta concepción de la cultura como bienes cuya producción o posesión prestigia a individuos y sociedades, de manera que desplegar estas riquezas da alguna forma de poder.

Conviene destacar que estos bienes pueden consistir en colecciones de textos, de obras de arte u otro tipo de producción material, pero también abarcan actividades, costumbres y personas, especialmente aquellas que sobresalen como productores de bienes reconocidos. La disputa entre Francia y España sobre a qué país pertenece Picasso tiene que ver con esta patrimonialización. Ser la patria de un escritor ganador del Nobel o la villa donde nació es tan importante como albergar una catedral gótica en la misma localidad. Cualquier gran ciudad que se precie y aspire a un estatus de capitalidad, por lo menos cultural, debe dotarse de museos, teatros, salas de conciertos, bibliotecas, alguna universidad y, a ser posible, un teatro de la ópera. El caso de Barcelona es ilustrativo: las administraciones públicas completaron en los noventa la labor de equipar la ciudad que había emprendido la burguesía catalana entre mediados del siglo XIX y principios del XX. Hoy en día, los países compiten entre sí para poner en valor su patrimonio cultural como motor de explotación turística, o para importar colecciones extranjeras en forma de franquicia.

Sin embargo, esta concepción de la cultura es limitada y parcial. Nos informa sobre alguno de los elementos en los que se encarna, los más fáciles de identificar, pero nos dice poco sobre qué función tiene, aparte de reducir la riqueza a la acumulación de bienes y a una cuestión de distinción. Según esto, la sociedad culturalmente más rica sería la que tuviera más monumentos y mayor legado, y no necesariamente la más dinámica ni la más creativa. Es una perspectiva decantada hacia el pasado, útil tal vez para promocionar una marca turística pero no para impulsar el progreso. De hecho, como veremos, la medida de la riqueza cultural de las sociedades, lo que favorece su supervivencia y éxito, es la abundancia de opciones activas que ofrece a sus miembros. Es decir, una comunidad con una gama estrecha de opciones para organizar la vida tiene más dificultades para salir adelante frente a otra que dispone de mayor variedad de recursos. Es el típico desequilibrio que ocasiona el abandono del campo por las ciudades y otros desplazamientos de población, además de estar en la raíz de los efectos traumáticos del contacto entre culturas en distintos estadios de desarrollo a lo largo de la historia, y así lo constatan los etnógrafos.

Junto a la concepción de la cultura como bienes, un acercamiento probablemente más iluminador, tal como explica el teórico israelí de la cultura Itamar Even-Zohar, es entender la cultura como una caja de herramientas. Es decir, como un conjunto de recursos que regulan y facilitan la relación con el entorno social y material. Estas dos maneras de entender la cultura no son opuestas sino complementarias, en tanto en cuanto hay bienes que devienen herramientas porque aportan opciones y pautas de actuación. Los hay, sin embargo, que pudieron tener una función instrumental en el pasado, pero la han perdido y han conservado únicamente el valor como bienes. Sería el caso, por ejemplo, del *Libro de los muertos* egipcio o de la pintura de castas o cuadros de mestizaje del Virreinato de Nueva España.

Según Even-Zohar, cuya argumentación voy a seguir en este capítulo, estas herramientas pueden ser pasivas o activas. Las pasivas son las que sirven para interpretar el entorno, para dotar de sentido a la experiencia individual y colectiva. Even-Zohar cita, en «La literatura como bienes y como herramientas», la proposición de los semiólogos Iuri Lotman y Boris Uspenski:

El «trabajo» principal de la cultura […] es la organización estructural del mundo que nos rodea. La cultura es un generador de «estructuralidad» y crea una esfera social alrededor del hombre que, como la biosfera, hace la vida posible (en este caso, la vida social y no orgánica).

Modelar el mundo es, por lo tanto, una manera de explicarlo como si se tratara de un sistema de signos. Frente a estas herramientas pasivas, las activas aportan hábitos, competencias y estilos para desarrollar estrategias de acción. Ayudan al individuo o a la colectividad a manejar cualquier situación ante la que se encuentre.

¿Cómo reaccionar ante la muerte de un ser querido? ¿Qué hacer cuando alguien se enamora? ¿Qué trato dar a los ancianos o a los niños? ¿Cómo se definen los roles de género? ¿Cuándo está justificada la violencia o hay que dar la vida por la patria? Todas estas respuestas son culturales, difieren sustancialmente según las sociedades, pero raramente están estipuladas en protocolos explícitos. Los miembros de cualquier sociedad manejan una serie de pautas y convenciones que les han sido transmitidas por medio de ejemplos, narraciones, imágenes, que configuran un repertorio de modelos con los que la comunidad se identifica, con la aprobación de una parte y quizá el desacuerdo de otra. Los modelos siguen vigentes y ofrecen una guía para la acción hasta que la influencia exterior, la presión de quienes se oponen o el cambio de los tiempos lleva a que sean sustituidos por otros.

El título de un artículo de Carl Cederström acerca de su reacción al movimiento #MeToo es suficientemente revelador: «Cómo ser un hombre bueno: lo que aprendí en un mes de leer los clásicos feministas» (*The Guardian*, 2-10-2018). Cederström consideró que la mejor manera de expresar su solidaridad con el movimiento, en medio de la avalancha de noticias sobre abusos masculinos, era escuchar lo que las mujeres tenían que decir y eligió, para leer en un mes, una lista de trece títulos que iban desde Mary Wollstonecraft (*Vindicación de los derechos de la mujer*, 1792) y Simone de Beauvoir (*El segundo sexo*, 1949) hasta Chimamanda Ngozi Adichie (*Todos deberíamos ser feministas*, 2014). Un amplio conjunto de convenciones, prejuicios, mecanismos de dominación y discriminación hondamente arraigados en una cultura patriarcal, que engendran la violencia efectiva o latente contra las mujeres, están siendo impugnados. Con notable retraso si miramos las fechas de los textos fundacionales del feminismo, que aportan a la vez herramientas para entender un fenómeno y orientaciones para cambiarlo.

No es un problema biológico sino cultural, y por supuesto político. Las voces de las mujeres que, en forma de testimonio, reflexión o denuncia, hablan a través de estos textos las podemos escuchar también en el cine, la televisión, la escuela o las redes sociales, y lo que hacen es construir un nuevo repertorio de modelos que ofrece estrategias de acción, para una transformación a fondo del orden social.

Sabemos que la literatura ejerció un papel poderoso en procesos de construcción nacional como los de Alemania e Italia en el siglo xix, prestigiando la lengua que se había de convertir en el estándar unificador. En este sentido sirvió como herramienta activa. Es fácil demostrar que, en la actualidad, ha perdido aquella posición hegemónica, superada en influencia social por otros medios de difusión masiva, pero no ha declinado por completo su prestigio en el apartado de los bienes, y este estatus le permite seguir cumpliendo en algunos contextos una función instrumental. Un reciente libro de Jaume Subirana, *Construir con palabras. Escritores, literatura e identidad en Cataluña (1859-2019)* demuestra cómo, en el caso catalán, la literatura continúa siendo una herramienta activa.

Un aspecto fundamental de la reflexión de Even-Zohar acerca de la constitución de repertorios de bienes representativos, por un lado, y de modelos y opciones para la vida, por el otro, es que la adopción de un repertorio compartido es lo que da cohesión y diferenciación a una entidad colectiva. Encontramos aquí la explicación teórica del concepto de cohesión social tan frecuentemente invocado, pero además vemos cómo la comunidad misma, y no sólo el sentimiento de pertenencia, se construye alrededor del repertorio. El repertorio permite crear y mantener la identidad colectiva: puede inventarse o importarse, pero es la adhesión a un repertorio lo que genera comunidad. Afecta a todas las categorías de la experiencia: la lengua, la comida, la ropa, los rituales religiosos, los sistemas de parentesco, la distribución del horario cotidiano, la gestión de las emociones, la conducta sexual, la actitud ante el trabajo, pero también la conexión con un patrimonio de bienes preciados, un canon de escritos, de obras plásticas, de efemérides o monumentos, que por lo tanto se convierten a su vez en una herramienta activa de distinción respecto otros grupos.

De la cohesión depende la disposición de los individuos a solidarizarse con el grupo y ponerse a su servicio: para ir a la guerra, ayudarse en los desastres o contribuir al bien común. Esta cohesión es necesaria para la supervivencia de las entidades grandes, pero, además, hace falta un esfuerzo, un trabajo cultural para incrementar y mejorar las opciones disponibles. Según Even-Zohar, la riqueza de una sociedad, en términos culturales, no se mide por su patrimonio en bienes sino por el volumen de su «caja de herramientas», es decir, por la disponibilidad de opciones. Se cuenta, así, con parámetros distintos de los meramente económicos para valorar el estado de la sociedad: por el nivel de organización, la posición adquirida, la ayuda mutua entre miembros, la habilidad para actuar, la autoconfianza y el acceso a opciones emprendedoras. En esto consistiría el capital cultural colectivo. De este modo, propone Even-Zohar, la energía de una sociedad y su capacidad para responder a nuevos retos y crisis están relacionadas con la actividad invertida en planificación y en ampliar el repertorio de opciones.

Esta tesis ha llevado a Even-Zohar a desarrollar toda una serie de estudios acerca del trabajo intelectual y el éxito de las sociedades, donde plantea que la existencia de un sector de la población capacitado para renovar el repertorio de opciones culturales permite a las sociedades superar las encrucijadas críticas y progresar más allá del estado de mera supervivencia. A partir de ejemplos concretos, como la comparación entre Terranova e Islandia, analiza el papel decisivo de esta industria de las ideas más o menos institucionalizada, lo que comúnmente llamamos *intelectuales*, y de quienes Even-Zohar denomina «hacedores de imágenes de la vida»: productores de ideas y relatos, como los escritores, pero también de representaciones no verbales, los pintores o cineastas, cuyas aportaciones sirven para modelar e imaginar formas de interpretar y gestionar la experiencia humana.

En medio de esta pandemia, que ha afectado hasta los más íntimos recodos de nuestra experiencia cotidiana, y del despliegue de las nuevas vacunas, Steven Johnson ha publicado *Extra Life: A Short History of Living Longer*, sobre cómo la expectativa media de vida se ha duplicado en los últimos cien años tras haber cambiado poco durante siglos. Este ensayo, que combina la historia de la ciencia con la de las mentalidades, confirma la distinción de Even-Zohar entre los productores de ideas y los que denomina «emprendedores culturales», que son quienes logran su implantación social. La pasteurización de la leche, la cloración del agua, las vacunas y los antibióticos son algunos de los avances que contribuyeron a levantar el «escudo invisible» en el que prácticamente no pensamos (hasta que hay una crisis sanitaria) y gracias al cual es como si los seres humanos disfrutáramos de una vida extra. Johnson argumenta que no todo se debe a los descubrimientos científicos, sino que ha hecho falta también la labor de activistas, intelectuales públicos, administradores y legisladores para conseguir que los beneficios de estos avances se extendieran al conjunto de la sociedad. Ha sido un progreso casi imperceptible por lo gradual, pero que Johnson compara con el sufragio universal y la abolición de la esclavitud, porque ha requerido amplios movimientos sociales, formas de persuasión, instituciones públicas y cambios de estilo de vida (factores todos ellos que vemos actuar en la respuesta a la actual pandemia). Es decir, una transformación cultural, porque la salud también depende de la cultura.

Encontramos otra consecuencia del valor de códigos y repertorios culturales para la organización social en las investigaciones de Michele Gelfand sobre sociedades abiertas y sociedades cerradas: propone que las comunidades que perciben que están amenazadas—por falta de recursos, migraciones, desastres naturales, enemigos potenciales— tienden a preferir normas sociales estrictas y escasa flexibilidad en el repertorio y en su aplicación, mientras que las más estables y seguras son más tolerantes con la variación y con una observancia más laxa de las normas. Concluye Gelfand que estas dinámicas culturales están detrás del éxito electoral de las promesas mesiánicas populistas en Estados Unidos, Reino Unido, Filipinas o Brasil.

Este esquema de la cultura como bienes y como herramientas, y la interacción entre ambos, nos ayuda a entender qué hace la cultura atendiendo a sus funciones, en lugar de limitarla a una colección de obras artísticas para disfrutar o entretener. No sólo observamos su presencia en todos los aspectos de la vida, incluyendo la actividad política, sino que los bienes simbólicos y sus productores, las artes y los artistas entre ellos, contribuyen a enriquecer el horizonte de lo posible. Tal como dice Even-Zohar en «El trabajo intelectual y la riqueza de las sociedades», de aquí surgen «nuestras formas de pensar, ver el mundo y actuar en el mundo. Creencias, sentimientos, emociones y esperanzas, herramientas para evaluar todo lo que sucede y para generar acciones, todo ello se deriva de los productos distribuidos por las industrias intelectuales».

6
MENOS ES MÁS

> Hoy día la gente conoce el precio de todo, pero no sabe el valor de nada.
>
> OSCAR WILDE,
> *El retrato de Dorian Gray*

Vivimos en un mundo dominado por las cifras y en el que todo es cuantificable. El éxito de una película se mide por el número de espectadores, la riqueza de un país por el PIB, el poder político por el número de votos, lo deseable de un producto por sus ventas. Cuanto más tengo, más soy. En medio de este mundo, el campo cultural representa una anomalía. Puedo ser más con menos.

Un artista puede alcanzar el máximo reconocimiento teniendo un público minoritario. El ejemplo más claro son los poetas, cuya obra tiene generalmente una difusión reducida y, no obstante, pueden llegar a gozar de prestigio literario y recibir importantes premios. En las cuarenta y cinco ediciones del Premio Cervantes de literatura en lengua castellana, el galardón se ha otorgado a diecinueve poetas. Es decir, la poesía sigue ocupando un lugar elevado en la jerarquía del valor literario a pesar de su escaso peso en el mercado editorial. Y aunque la novela venda más, se puede decir algo parecido: el prestigio literario no es para el autor de *best sellers* sino que recae en escritores que a menudo no son los más leídos. Es una queja frecuente de quienes más venden: que el éxito comercial es visto como un demérito y no se les reconoce su valor literario. Ello no impide que algunos novelistas de prestigio, como García Márquez, sean muy leídos, pero no es una condición. El éxito de ventas no garantiza un lugar en el canon, mientras que la reputación de James Joyce no depende de si lo lee mucha o poca gente (y es más bien poca).

Podríamos extender el mismo criterio a las otras artes. Incluso en el caso del cine, donde la dimensión comercial es inherente a su funcionamiento, es indiscutible que directores minoritarios como Vertov, Antonioni o Godard ostentan una posición en la historia del medio con la que no puede competir Steven Spielberg, por mucho que se esfuerce en hacer películas trascendentes. El cine es arte e industria, pero, en cuanto arte, los criterios de valor son independientes de la taquilla. ¿Cuáles son? Éste es otro problema, más complejo, porque son específicos de cada sector cultural, pero en conjunto podemos afirmar que no los dictan las cifras.

Estamos acostumbrados a que sea así. Lo vemos a cada paso. En la insatisfacción de quienes se hacen ricos y famosos pero querrían también ser respetados como artistas, ganar, además, la posteridad. O en el desdén hacia lo comercial tanto por parte de las vanguardias emergentes como de quienes se mueven en los círculos acreditados. O en las críticas al elitismo de quienes no aceptan el gusto popular como medida. O en el contraste entre lo que se estudia en las universidades y lo que se consume en la calle. O entre lo que se vende y lo que se subvenciona. A pesar de nuestra familiaridad con el fenómeno, su razón de ser escapa a la compresión mayoritaria, incluida la de muchos responsables de las políticas culturales, especialmente aquellos que no han leído a Pierre Bourdieu, porque contradice las reglas del juego económico que definen la sociedad de consumo. Dificulta la identificación de indicadores cuantificables y objetivos que midan los resultados y, en particular, el impacto social de las actividades culturales, que es un objetivo central de quienes subvencionan la cultura.

Esta lógica antieconómica puede resultar, a primera vista, difícil de entender, pero responde a esquemas muy precisos y sistemáticos. Es un efecto de la autonomía relativa del campo de la producción cultural, que no se rige por las leyes del campo económico ni del poder, aunque esté inevitablemente relacionado con ambos. La demostración de esta autonomía relativa, cuya conquista Bourdieu data en el siglo XIX, está en lo que él denomina el *sistema de consagración específica* y que define así: en el mundo del arte, sólo vale «el reconocimiento concedido por aquellos que no reconocen otro criterio de legitimidad que el reconocimiento por parte de aquellos a quienes ellos reconocen».

Esta formulación tan rebuscada constituye una teoría de la validación que, en resumen, dice que son los agentes e instituciones legitimadoras del propio campo quienes determinan el valor del arte. La acreditación sólo puede venir de los acreditantes acreditados. ¿Por quién? Por los acreditantes.

Lo podemos llamar *evaluación por expertos*, o *por pares*, que es como se llama el procedimiento en la producción de conocimiento científico. Puede tratarse de críticos, comisarios, programadores de museos, teatros o auditorios, académicos, editores, o de los creadores mismos, pero, en cualquier caso, el principio es que el juicio no puede depender primordialmente del criterio de la mayoría. El éxito masivo no es el premio más alto en el campo artístico, aunque sí lo es, precisamente, en aquello que llamamos la cultura de masas. El paso del primero a la segunda, cuando se da, puede medirse en cifras, pero el ascenso desde la segunda al primero, que también puede darse, no es cuantificable y pasa por instancias específicas de consagración. Y en el funcionamiento moderno del sistema, el que estudia Bourdieu, éstas premian el desinterés. Según ese modelo, al artista le interesa parecer desinteresado, atender a las exigencias de su arte más que a la fama o el dinero. Es decir, no buscar la recompensa inmediata para alcanzar la recompensa diferida, puede que hasta póstuma. Esta apuesta por el largo plazo y por el reconocimiento restringido está directamente relacionada con la dificultad de evaluar los beneficios de la cultura según parámetros asumibles en una sociedad regida por el «más es más» y la gratificación inmediata. El largo plazo es la dimensión primordial en cultura, marcando los ritmos lentos a los que cambian las mentalidades y las maneras de hacer. Como ocurre con la educación, medir cuáles son los efectos de la producción cultural requiere un horizonte lejano y criterios imprecisos. ¿Cómo determinar los índices de felicidad, de conciencia crítica o de salud democrática? La expectativa de vida se traduce en una cifra, la calidad no. Ha sido siempre así, la diferencia está en que antes no se exigían estas mediciones: el valor de la cultura se daba por sentado. Este modelo tradicional, defendido por un grupo que no tiene poder, pero sí privilegios relativos, debe responder ahora a un doble ataque, desde abajo y desde arriba, acusado por unos de elitismo y por otros de irrelevancia.

Sería iluso creer que el campo cultural es inmune al modelo económico dominante. El arte por el arte es una justificación que no convence hoy ni a los propios agentes culturales. En su dimensión pública, se le pide responsabilidad y compromiso con los problemas colectivos. En la privada, ganancias en el mercado. Así como el arte no es del todo autónomo en lo político, tampoco lo es en lo económico. Andy Warhol fue uno de los artistas que más radicalmente trastocó las reglas del arte, explotando la complicidad con el mercado y la confusión entre arte y producción gráfica comercial, evocando el diseño industrial y empleando técnicas de reproducción en serie como la serigrafía. Según una cita de Warhol que le gusta repetir a Donald Trump, «Ganar dinero es arte, y trabajar es arte, y el buen negocio es el mejor arte». Sin embargo, para lograrlo, necesitó del consenso de los agentes acreditantes que reconocieron su producción como arte. Marcel Duchamp abrió la puerta, pero hizo falta que hubiera una teoría de la validación según la cual, tal como explicó Arthur Danto, las personas del mundo del arte por lo menos pudieran tener una discusión y fueran capaces de dar razones por las que tal cosa debería contar como arte, y que esas razones pudieran persuadir a una parte de estas personas.

Uno de los efectos colaterales del gesto de Warhol fue difuminar las fronteras entre el arte y la cultura de masas. Su selección de temas, desde los productos de consumo y los iconos de celebridades a las imágenes de sucesos capturadas por los medios de comunicación, y la figuración diáfana facilitaron el acceso al *pop art* de un público masivo que se había sentido excluido de propuestas más exigentes. Asumir con complacencia el factor comercial y la lógica económica suponía ir a contracorriente de las leyes del mundo del arte y, a la vez, obedecer las exigencias de lo popular: entender que más es más.

El epítome de este fenómeno sería Jeff Koons, pero podemos, también, encontrarlo en una corriente alternativa que pretende perturbar los espacios hegemónicos. Banksy es, aunque lo niegue, un discípulo aventajado de Warhol, que demuestra hasta qué punto se han desdibujado las fronteras y están en entredicho las reglas del arte. En principio, el *street art* se sitúa al margen y en contra de las instituciones y los sistemas de legitimación artística. Está fuera, en la calle, y además es clandestino. Quiere ser leído como un gesto subversivo. Sin embargo, es un espacio de producción restringida que se rige por patrones semejantes a los del arte más elitista: son los propios adeptos a esta práctica quienes consagran a los creadores más reputados e internacionalmente famosos. Algunos, como Banksy, preservan su anonimato mientras se desplazan por el mundo en busca de paredes donde dejar su marca, y otros, como Shepard Fairey, dan la cara a pesar de los riesgos legales. Por otro lado, esta producción marginal ha tomado por asalto el centro del sistema. El prestigio dentro del circuito marginal del *street art* se está extendiendo al mercado del coleccionismo y a los espacios institucionales que esta práctica supuestamente rechaza.

La travesura de Banksy en la subasta de Sotheby's, en la que una copia de su obra *Niña con globo* se autodestruyó mediante un triturador de papel incorporado en el marco tras ser adquirida por más de un millón de libras, sugiere una crítica a la mercantilización del *street art*. En el fondo, lo sorprendente no es la destrucción de la obra, sino que alguien pague estas cifras por una obra reproducida mediante plantillas en innumerables lugares, quién sabe si de la mano de Banksy o de sus colaboradores. Las plantillas para que cada uno pueda pintar este *banksy* en la pared de su casa se venden en internet por entre veinte y setenta euros, según el tamaño. Sin embargo, la broma es cómplice del sistema que denuncia. La compradora decidió quedarse con la obra, que al parecer ha subido de precio tras el *happening*, y Banksy le ha cambiado el título a *El amor está en la papelera*. Y Sotheby's se ha apresurado a explicar que es la primera obra de arte en la historia creada en directo durante una subasta. El mercado se apropia rápidamente de la crítica al mercado.

Estas contradicciones resultan aún más flagrantes en *Exit*

Through the Gift Shop ('Salida por la tienda de regalos'), un supuesto documental dirigido por el propio Banksy en 2010, acerca de un personaje, Thierry Guetta, que pasa de filmar obsesivamente el trabajo de los artistas callejeros a convertirse, de la noche a la mañana, en un artista cotizado. Bajo el revelador pseudónimo de Mr. Brainwash, Guetta montó, en 2008, una exposición monumental en un antiguo estudio de televisión en Los Ángeles, lleno de obras que imitaban descaradamente el estilo de Banksy y de Warhol, que no producía él mismo sino un equipo de profesionales contratados. Aquella primera exposición, titulada *Life Is Beatiful*, a la que siguieron otras, tuvo cincuenta mil visitantes y recaudó casi un millón de dólares. La película le sirve a Banksy para poner en evidencia la hiperinflación que se ha apoderado del coleccionismo de *street art* y el poder del marketing en la creación de un espejismo de valor artístico, pero este comentario desvela cómo el propio Banksy explota un mercado ilusorio.

Estas aparentes anomalías no desmienten el modelo propuesto por Bourdieu. La transgresión de la norma no la anula, sino que la pone de manifiesto en el acto de transgredirla. Se puede entender como un levantamiento parcial o provisional de la norma. Lo que sucede choca precisamente porque va en contra de la forma de dar valor en cultura. Poner los criterios de legitimación en manos del mercado contradice lo que sabemos acerca del funcionamiento del sector. Es una perversión. Sin embargo, en el contexto postmoderno, las distorsiones de la lógica antieconómica del campo artístico no se pueden reducir a la categoría de la excepción, sino que constituyen síntomas de la tensión latente, a veces violenta, entre las leyes de la cultura y las de la sociedad de consumo. Las segundas llegan a contaminar a las primeras, pero nunca al revés.

Es un error pensar que estas dinámicas de consagración específica se aplican únicamente a la alta cultura. Vemos que, en cierto modo, ocurre también con el *street art*, pero hay casos aún más claros que no colindan con las artes canónicas. El Bulli no fue declarado el mejor restaurante del mundo porque fuera un buen negocio o hubiera gustado a una gran cantidad de gente. Más bien al contrario, el coste de mantener la experimentación y la calidad, unido a que sólo podía servir a un número reducido de comensales, hacía que perdiera dinero y fuera una experiencia minoritaria. El reconocimiento le vino de las instancias de acreditación especializadas: los críticos, las revistas gastronómicas, los premios y los otros cocineros. Esta orientación desinteresada, la inversión en la creatividad por la creatividad misma, obtuvo la correspondiente recompensa diferida: Ferran Adrià ha rentabilizado *a posteriori* los beneficios del prestigio adquirido dentro del ámbito de la gastronomía. «Menos es más» significa que el éxito se mide en el menos, en el círculo restringido, aunque luego pueda redundar en más, más público y más dinero.

¿Quién es más importante en la historia de la música, John Cage o los Beatles? Es evidente que la pregunta está mal formulada. Las reglas del éxito en sus respectivas prácticas son distintas y por lo tanto sus valoraciones son magnitudes inconmensurables, en el sentido matemático de carecer de un factor común de medición. Dicho de otro modo, no pueden pertenecer al mismo canon. Por otro lado, es más peligroso aplicar al campo restringido los criterios de evaluación del masivo que hacer lo contrario. La producción cultural cuyo mérito depende del reconocimiento de una minoría difícilmente sobrevivirá a las presiones del mercado, mientras que, a quien goza del éxito masivo, de la fama y de la fortuna, la consagración específica le supone una recompensa adicional que incrementa su popularidad, sin perjudicarle. El equilibrio del ecosistema cultural pide, por lo tanto, tratar a cada uno de acuerdo con las reglas que le son propias y reconocer que lo que en términos cuantificables es menor, minúsculo, insignificante, puede tener mayor valor.

7
LA CULTURA COMO RECURSO

> La cultura como recurso puede compararse con la naturaleza como recurso, sobre todo porque ambas se benefician del predominio de la diversidad.
>
> GEORGE YÚDICE,
> *El recurso de la cultura*

Como en otros ámbitos del orden neoliberal, en cuanto aceptas su lógica, ya estás derrotado. Hablar de la economía de la cultura según las reglas de la economía y no las de la cultura (tal como las define Bourdieu), sitúa a esta última a la defensiva, sometida al juego de la medición. Observar que la lógica de la cultura no es la de la economía es compatible con que la cultura movilice una considerable actividad económica. Todos los estudios coinciden en reconocerlo. El *Anuario de estadísticas culturales* de 2018 sitúa la contribución de los sectores culturales en el 2,5 por ciento del PIB, que asciende al 3,3 por ciento si se suman las actividades relacionadas con la propiedad intelectual. A nivel europeo, los autores del informe *Rebuilding Europe: The cultural and creative economy before and after the COVID-19 crisis* (enero de 2021) cifran en un 31,2 por ciento la caída del sector, más grave que la del turismo y sólo superada por la aviación, cuando en 2019 representaba el 4,4 por ciento del PIB de la Unión Europea, movía 643 000 millones de euros y daba trabajo a 7,6 millones de personas, el doble que las industrias de la automoción y las comunicaciones juntas. Si bien argumento que éste no es el valor primordial de la cultura ni su razón de ser, es un aspecto que no cabe ignorar si nos interesa su impacto social. A veces parece como si quienes nos dedicamos a teorizar sobre estos temas no nos quisiéramos rebajar a hablar de dinero, cuando a la vez nos quejamos de que el dinero es una preocupación que permea todas las discusiones. Si es un factor ineludible, hay que abordarlo, porque incluso una reflexión sobre por qué importa la cultura supone justificar por qué vale la pena pagar por ella.

Algunos economistas discrepan de las estadísticas que acabo de citar y opinan que la dimensión económica del sector cultural es insignificante. Esto se debe a que emplean una definición muy restringida de qué cuenta como cultura: se fijan en las artes visuales y escénicas, los museos y los conciertos de ópera y música clásica, pero excluyen los de música *rock* y pop, los medios de comunicación, la industria editorial, la discográfica, la cinematográfica y otras industrias creativas. Es evidente que, con este retrato parcial, centrado en los aspectos de la alta cultura que menos dinero mueven y dejando de lado la dimensión más comercial, el impacto económico queda muy disminuido. Sin embargo, se puede hacer el cálculo opuesto: en lugar de ver la cultura como un sector minúsculo, restringido a las artes, sostener que algunos de los negocios más rentables e innovadores de nuestro tiempo se basan en la explotación de contenidos que son, en gran medida, culturales: Spotify, YouTube, Instagram, Facebook, Twitter. Estas plataformas movilizan música, textos, imágenes fijas o en movimiento, creadas o recicladas por sus usuarios, información y conocimientos de todo tipo, cuya circulación y consumo son monetizados. Las cinco empresas más importantes del mundo por su cotización en bolsa—Apple, Alphabet (matriz de Google), Microsoft, Amazon y Facebook—obtienen por lo menos parte de sus beneficios del consumo cultural. La segregación de los sectores deficitarios respecto de los rentables, asignando sólo a los primeros la etiqueta de cultura, sirve para desmontar la argumentación de que la contribución a la economía justifica el apoyo público a la cultura: aquellas actividades que más apoyo necesitan son las que menos beneficio económico generan y de las que disfruta un número más reducido de usuarios. Según estos economistas escépticos, las subvenciones a la cultura carecen de sentido porque no les convence que se trate de un bien público cuyo disfrute sea colectivo ni que tenga externalidades positivas, efectos incidentales que benefician al conjunto de la comunidad, cuando, como veremos, la cultura satisface ambos requisitos. Tampoco aceptan el argumento de equidad preferido por los políticos y los agentes culturales, de que la subvención ayuda a mantener los precios bajos y facilita el acceso a la cultura de la población con menos recursos. La réplica es que una política de precios bajos favorece a quienes ya son usuarios habituales, independientemente de sus medios, y no aumenta de forma sustancial la participación de los grupos sociales menos favorecidos.

Por supuesto, el argumento más delicado es el del mérito intrínseco de los bienes culturales y la necesidad de garantizar su excelencia y de ponerlos a disposición de los ciudadanos, que contribuyen a sufragarlos mediante sus impuestos, aunque ni les gusten ni les interesen. La actitud de que la cultura es buena para ti, lo quieras o no, es vista como una posición elitista, la de una aristocracia del gusto que dicta a los demás lo que les debería importar, cómicamente ridiculizada en un episodio de la serie británica *Sí, Primer Ministro* titulado «El mecenas de las artes». Todas estas críticas se pueden rebatir, pero lo que demuestran, sobre todo, es el error de abordar el debate según los parámetros de la economía convencional.

En términos económicos, la cultura está amenazada desde dos frentes: por la derecha y por la izquierda. Desde premisas neoliberales, lo que el mercado no sustenta por sí mismo no merece ser protegido mediante la intervención estatal. El consumidor individual elige aquello por lo que está dispuesto a pagar y, por lo tanto, aquello que no es comercialmente viable es un gasto que la sociedad en su conjunto no debe asumir. Si algunos ricos pueden permitirse ese lujo, es cosa suya. Desde el otro bando, posturas progresistas mal entendidas han llevado al extremo la defensa de la libre circulación y el acceso gratuito a los contenidos culturales, minando los derechos de propiedad intelectual, acentuando la precariedad endémica entre creadores e intérpretes, y frenando la capacidad de obtener ganancias con la producción cultural. En consecuencia, si la cultura no genera beneficios económicos, se debilita su reconocimiento social y se agrava la percepción de irrelevancia dentro del sistema capitalista.

Hay, sin embargo, economistas que intentan superar estos esquemas reduccionistas y aportar modelos más eficaces para reconocer el valor de la cultura. Arjo Klamer, especialista en economía de la cultura, está entre quienes reconocen la insuficiencia de la perspectiva economicista para definir el valor en este ámbito, de la misma manera que no aplicamos el cálculo de la ganancia o la gestión de los recursos a la amistad, las relaciones familiares, la espiritualidad u otros factores de lo que consideramos una «buena vida». La distorsión, señala Klamer, viene de caer en el fetichismo de la mercancía, que denunció Marx, e imponer el valor de cambio como medida por encima del valor de uso, confundiendo la cultura como producto con lo que tiene de actividad y de experiencia, cuyo valor no es cuantificable monetariamente. Klamer concede que, por este motivo, a lo largo de la historia, las artes se han esforzado en rehuir la condición de transacción comercial, que devalúa la experiencia.

Hace falta, por lo tanto, una explicación alternativa del valor de uso, cambiar los términos del debate. George Yúdice ha propuesto, en *El recurso de la cultura*, un enfoque ampliamente fundamentado en casos de estudio de países muy diversos. La idea de que la cultura es un recurso, como la naturaleza, implica atender tanto a sus beneficios como a sus necesidades y su sostenibilidad. Un recurso es más que mercancía. Las implicaciones de esta idea, según Yúdice, trascienden los esquemas habituales: el concepto de recurso absorbe y anula las distinciones entre la definición de alta cultura, la antropológica y la de cultura de masas. El Guggenheim de Bilbao es un ejemplo, repetidamente citado e imitado, de la utilización de la alta cultura para la rehabilitación urbana. El folclore, los rituales, los festejos o la gastronomía, que encajarían en la perspectiva antropológica, son reclamos para el turismo y la explotación del patrimonio cultural. Mientras que, en el ámbito de la cultura de masas, las industrias creativas al servicio del ocio y el entretenimiento—la música, las publicaciones, el cine, la televisión, los videojuegos y todo lo vinculado a la propiedad intelectual—tienen una capacidad indiscutible de generar riqueza.

La cultura, dice Yúdice, «ya no se experimenta, ni se valora ni se comprende como trascendente», y esto explica el giro hacia una legitimación basada en la utilidad: se espera de ella que ayude a resolver problemas, incluida la creación de empleo. La lista de soluciones que se le piden a este recurso es inagotable: mejorar la educación, mitigar las tensiones raciales, revertir el deterioro urbano gracias al turismo cultural, reducir el paro, rescatar de la marginación, incentivar el consumo. Cuando la concepción tradicional de la cultura se debilita y ya no valen «los cánones de la excelencia artística, las pautas simbólicas que dan coherencia a un grupo o sociedad y, por lo tanto, le confieren valor humano», se acentúa la tendencia a verla como recurso. La cultura cuenta, pero, como cualquier otro recurso, sólo en la medida en que sea utilizable. Yúdice se hace eco de las discusiones en organismos internacionales, según las cuales la financiación de la cultura debe limitarse a los proyectos capaces de producir réditos, es decir, que la cultura por sí misma, independientemente de su valor intrínseco, nunca será financiada a menos que proporcione alguna forma indirecta de beneficio.

Esta condición, que afortunadamente no se aplica con el mismo rigor en todos los contextos, impregna la atmósfera que se respira en la casi totalidad de las entidades financiadoras, sean públicas o privadas, y obliga a los receptores de ayudas a prometer y presentar resultados tangibles a corto plazo en un ámbito donde son difíciles de identificar y calibrar. El arte por el arte, en cuanto actividad desinteresada, incapaz de sufragarse mediante las ganancias que aporta, está bajo sospecha y no es considerado merecedor de un apoyo desinteresado. Es una paradoja de la que cuesta escapar: el donante supuestamente desinteresado está, sin embargo, interesado en demostrar que la actividad desinteresada obtiene efectos incidentales interesantes, que no son propiamente aquellos por los que se practica. El requisito de la rentabilidad se aplica por igual a una agrupación popular de danzas tradicionales y a una compañía de *ballet*. De la primera, se espera que atraiga turistas a la localidad, que ayude a cohesionar a los vecinos de un barrio o que favorezca el diálogo intercultural. La segunda lo tiene más difícil: si no es de la máxima categoría, gana puntos si se ofrece a montar talleres para colectivos en riesgo de exclusión social, impartir formación en escuelas o hacer giras por zonas desfavorecidas. No le conviene decir que necesita la ayuda para pasar más horas ensayando y ser mejor. Un efecto indeseado es que se acaba premiando no la excelencia sino a quienes mejor se manejan dentro del sistema y saben redactar las solicitudes.

La exigencia de datos cuantitativos para medir el impacto social del recurso se traduce en la búsqueda de los famosos indicadores, el grial de las políticas culturales. Todos los expertos reconocen las dificultades metodológicas para llevar a cabo estas mediciones y proponen soluciones más o menos ingeniosas, pero nadie se atreve a desestimar por completo el modelo. Entre otras cosas, porque la existencia de una cohorte de gestores, técnicos, administradores y organismos depende de esta lógica. Una parte sustancial de los fondos teóricamente dedicados a cultura van a parar a la administración de las políticas culturales, en una dinámica paralela a la que atenaza a las organizaciones filantrópicas. La promoción del bien común y la justicia social da lugar a una industria.

En un estudio para un *think tank* británico, John Holden constata que no existe un método fiable para calcular el impacto económico en su entorno de las instituciones culturales que solicitan financiación pública. Según Holden, no se tiene suficientemente en cuenta la diferencia entre tipos de valor económico: entre el valor comercial, el valor de uso no sometido a intercambio comercial (como el acceso al paisaje) y el valor de no-uso, aquello que se deja como legado a generaciones futuras o cuya existencia apreciamos, aunque no disfrutemos directamente de ello (elementos asociados con la cultura, como bienes que prestigian una comunidad). El principio general es que «algo tiene valor económico si sus beneficios para el bienestar de la sociedad (incluidas las generaciones futuras) son mayores o pesan más que sus costes», un principio que, aunque consideremos que se cumple para la cultura, cuesta demostrar. Holden cuestiona los criterios instrumentales por insuficientes y propone un modelo alternativo basado en una categoría que denomina *valor cultural*. Es, según él, en buena medida, una cuestión de lenguaje. El lenguaje de la conversación entre las instancias financiadoras y los receptores tiene que superar la tiranía de los datos y abarcar una gama más amplia de valores no monetarios acordes con lo que, efectivamente, hace la cultura, con el objetivo, ineludible, de conseguir el apoyo del público a la financiación colectiva de la cultura. Y cita las palabras de Estelle Morris, que fue brevemente ministra de las Artes con Tony Blair: «Sé que las artes y la cultura contribuyen a la salud, a la educación, a la reducción del crimen, a fortalecer las comunidades, al bienestar de la nación, pero no sé cómo evaluarlo o describirlo. Debemos encontrar un lenguaje y una manera de describir su valor. Es la única manera de garantizar el mayor apoyo que necesitamos».

La respuesta, según Holden, está en reconocer los elementos afectivos en la experiencia y en la identidad cultural, y localizar el valor, en parte, en este aspecto subjetivo, sin renunciar a la recogida de datos cuantificables. Entre los objetivos a largo plazo, cuenta la equidad, la confianza en el sector público, la salud y la prosperidad, en los que se enmarcarían otras metas, como la inclusión social y la diversidad. El resultado es una metodología compleja para «capturar el valor cultural», que suma a los indicadores estadísticos habituales toda una nueva batería de sondeos de opinión, encuestas de usuarios e informes de expertos. El procedimiento no se ha desprendido de los criterios utilitaristas de medición, se limita a añadir una capa de datos «blandos», en teoría más adecuados al objeto de análisis. Las reflexiones de Holden son eminentemente técnicas, pero muy reveladoras del clima de un país donde la cultura está sometida a la presión del rendimiento de cuentas desde el thatcherismo. Sobre toda la discusión se cierne el problema del valor intrínseco de la cultura, como reconoce Holden:

Quienes argumentan que la cultura tiene valor intrínseco y merece financiación por este motivo se enfrentan a la hostilidad de los medios de comunicación y a acusaciones de mistificación. Son atacados por ser «elitistas» y por descuidar los problemas de acceso y accesibilidad. Pero tienen otro problema: han perdido el vocabulario para defender su posición.

La premisa es siempre la misma: hay que defender, hay que justificar lo que está bajo sospecha y es prescindible. Sin embargo, la debilidad de la argumentación de Holden no está tanto en el farragoso aparato técnico como en su aparente falta de fe en el objeto que defiende. Cuando desplaza el valor hacia la dimensión subjetiva y sostiene: «Una dificultad añadida del valor intrínseco es que las experiencias culturales son subjetivas. La "política cultural" se dirige a la gente en masa, pero la "cultura" es a menudo un encuentro personal, privado». Hay aquí una escasa fundamentación conceptual del alcance social de la cultura, que socava el razonamiento porque es donde ha de residir la justificación del apoyo público. Por supuesto, la cultura es «a menudo» (o quizá siempre) una vivencia individual, como la educación o la salud, pero ello no contradice su valor como bien común, como recurso de primera necesidad. ¿Superan sus beneficios sociales sus costes? Para saberlo, tendríamos que calcular el coste de vivir sin ella.

8
CONSUMO Y CULTURA DE MASAS

> El fascismo fue incapaz de arañar siquiera el alma del pueblo italiano; el nuevo fascismo, a través de los nuevos medios de comunicación e información (sobre todo, justamente, la televisión), no sólo la ha arañado, sino que la ha lacerado, la ha violado, la ha afeado para siempre...
>
> PIER PAOLO PASOLINI,
> *Escritos corsarios*

Para Pier Paolo Pasolini, la sociedad de consumo era el nuevo y verdadero fascismo. El fascismo había intentado imponer un orden reaccionario y monumental, pero no había calado en la vida y costumbres de las gentes. Las culturas tradicionales, campesinas y obreras continuaron intactas. Sin embargo, la sociedad de consumo, y lo que Pasolini califica de «ideología hedonista», ha arrasado con sus particularidades y ha causado una aculturación que convierte este nuevo poder en «la peor de las represiones de la historia humana». Atribuye la principal responsabilidad a las tecnologías de la comunicación, y en particular a la televisión como instrumento de poder y como un poder en sí misma, más autoritario y represivo que cualquier otro medio. El discurso de Pasolini es, en buena medida, profético. Cuando él escribe esto, pocos años antes de su muerte, la expresión *sociedad de consumo* tenía un sentido de denuncia que hoy ha perdido. Ahora, nombra simplemente el *statu quo*. El consumo es el motor del sistema, su condición de posibilidad, y la obligación del buen ciudadano es consumir. De lo contrario, todo se hunde. Crece la conciencia de los efectos nocivos de este modelo para la sostenibilidad del planeta, pero las consecuencias culturales preocupan menos porque la salud de las industrias creativas y, por lo tanto, el potencial económico de la cultura del que hablamos en el capítulo anterior dependen de que el usuario cumpla con su papel de consumidor.

La crítica de Pasolini es, por supuesto, heredera de las reflexiones de Theodor W. Adorno y Max Horkheimer sobre las industrias culturales. El diagnóstico demoledor de éstos se anticipó en treinta años al de Pasolini y señaló el peligro de la homogeneización de la producción cultural al servicio de los intereses comerciales, de su uso como instrumento de control y del adocenamiento de los públicos: «La racionalidad técnica es hoy la racionalidad del dominio mismo. Es el carácter coactivo de la sociedad alienada de sí misma». La obediencia de la industria del entretenimiento a criterios de rentabilidad —«Su ideología es el negocio», dicen Adorno y Horkheimer—, la imitación repetitiva de los contenidos, el regirse por «la ley de los grandes números» y la justificación de que se ofrece lo que la gente pide son aspectos que nos resultan sobradamente familiares. Tanto Adorno y Horkheimer como Pasolini coinciden en apuntar a las repercusiones políticas de un determinado modelo cultural. Los dos primeros salían de la experiencia del nazismo y conocían el potencial de adoctrinamiento de los grandes medios de comunicación de masas y del cine de propaganda. El italiano enlaza explícitamente la ideología autoritaria del pasado con la dictadura del mercado, que incita a un consumo sin freno de las cosas, de las experiencias y de los cuerpos. Es la época en que rueda *Saló o los 120 días de Sodoma*, y en sus declaraciones insiste en que la referencia al Marqués de Sade no responde tanto a una crítica del fascismo como a la denuncia de la sociedad de consumo. Para Pasolini, bajo la aparente liberación del deseo acecha la imposición de la lógica del mercado y la creciente aculturación.

Estas advertencias acerca de la dictadura de los grandes números que se hace pasar por democracia se asemeja a lo que Bourdieu decía en su ensayo *Sobre la televisión* (1996) a propósito de los índices de audiencia:

Los índices de audiencia significan la sanción del mercado, de la economía, es decir, de una legalidad externa y puramente comercial, y el sometimiento a las exigencias de ese instrumento de mercadotecnia es el equivalente exacto en materia de cultura de lo que es la demagogia orientada por los sondeos de opinión en materia de política.

Esto le lleva a sostener que: «Se puede y se debe luchar contra los índices de audiencia en nombre de la democracia». La confluencia entre factores culturales y políticos en Adorno y Horkheimer, Pasolini y Bourdieu, pone de relieve el impacto de los productos culturales en la construcción de mentalidades que este ensayo aspira a demostrar. La televisión lleva más de medio siglo cumpliendo este papel, ahora en competencia con internet, con mayor capacidad de influencia que la literatura o el cine, que tuvieron, a su vez, sus épocas de protagonismo.

En una intervención en televisión, Bourdieu argumentaba que, históricamente, todas las producciones culturales que se han considerado las más elevadas de la humanidad, como las matemáticas, la poesía o la filosofía, han surgido en contra de modelos equivalentes a los índices de audiencia, es decir, contra la lógica de lo comercial. Vuelve a aparecer la confrontación entre gustos masivos y los de un grupo selecto, aunque ésta no es la distinción que preocupa a Pasolini. Él no defiende la alta cultura, sino la variedad de la cultura popular, amenazada por la producción para el consumo de masas. Son, por lo tanto, tres y no dos los vectores de diferenciación.

Por supuesto, es legítimo argumentar que la experiencia que proporcionan ciertos productos culturales es más compleja, sofisticada y enriquecedora, que contribuyen al avance intelectual y artístico de la sociedad más que otros, que forman ciudadanos más reflexivos y críticos. Todos estos razonamientos son válidos, aunque a veces sean difíciles de demostrar convincentemente mediante indicadores cuantificables. Sirven para explicar que los productos culturales no son iguales, no hacen lo mismo y por consiguiente no valen lo mismo. Es posible establecer una jerarquía aplicando criterios de valor restringidos, de la misma manera que resulta una jerarquía distinta de la aplicación de criterios comerciales. Podemos definir una escala en la que Godard ocupe una de las posiciones más altas y otra en que allí esté Spielberg. Sin embargo, sea cual sea la manera en que establezcamos la jerarquía y el valor, es inevitable reconocer que la cultura, en cualquiera de sus formas y manifestaciones, tiene repercusiones para la sociedad. Algunas que un grupo ve como indeseables y otras que promueve; mientras que habrá otro grupo que lo vea al revés.

Con frecuencia decimos que aquello que desaprobamos o no nos interesa no es cultura. Cuando Pasolini habla de la aculturación que provoca la sociedad de consumo, está criticando la sustitución de una cultura por otra. No usa el término en la acepción arnoldiana. No le escandaliza la devaluación de la excelencia artística e intelectual, sino la pérdida de los rasgos particulares de las comunidades populares tradicionales: su lengua, sus costumbres y relatos, su memoria, porque en ellos reside una forma de organizar la vida y de darle sentido. Es decir, porque son cultura. Pero también lo es la que ofrece la sociedad de consumo, no menos que las otras dos. Es una forma de organizar la vida y de darle sentido, tanto si nos gusta como si no. Nada de lo que denunciaron Adorno y Horkheimer, Pasolini y Bourdieu es hoy sorprendente o escandaloso. Estamos donde estamos. Es demasiado tarde para proclamas apocalípticas. Los medios de comunicación de masas y las industrias culturales se han impuesto como modelo dominante y ejercen sobre las mentalidades y el imaginario colectivo una influencia con la que es imposible competir desde los espacios de las artes o de la cultura popular tradicional. Ello no significa, sin embargo, que todo esté perdido, que vivamos bajo el régimen del Gran Hermano y no quede margen para la disidencia, porque las reglas del juego no son exactamente las que Adorno y Horkheimer pronosticaron.

Hace ya más de una década que, en *Afterpop*, Eloy Fernández Porta demostró la simbiosis y la indefinición de las fronteras entre lo alto y lo bajo, lo mayoritario y lo restringido. Se puede ser (en sus términos) un *gourmet* de la cultura pop, que la procesa desde una perspectiva sofisticada que asume su superación. O un consumidor de productos etiquetados como alta cultura, pero comercializados masivamente, como las obras de algunos escritores que cuentan con el respaldo de conglomerados editoriales y grupos mediáticos, y cuyas ventas superan en mucho las de grupos musicales *indies* o de las publicaciones de cómics, ámbitos catalogados en los estratos populares de la cultura. Hay que distinguir, por lo tanto, entre minoritario y masivo dentro de la propia cultura de masas. Según Fernández Porta, la distinción, más que basarse en las categorías clásicas de lo alto y lo bajo, es una cuestión de poder generacional, y hay que acabar con la necesidad de justificar lo que es de sentido común, las referencias a la sociedad en que vivimos, puesto que la cultura pop es una «épica del consumo». Describe así la reacción contraria: «La resistencia a aceptar los contenidos y planteamientos emanados de la cultura de consumo suele plantearse como una forma sensata de conservadurismo: la literatura entendida como *refugio de la cultura* contra la barbarie audiovisual». Una forma de nostalgia que reserva para una parte del ecosistema la categoría de cultura, el uso prestigiado del término.

La necesidad de replantear la distinción no depende sólo de unas temáticas, de la referencia a unos iconos populares o de unas jerarquías. Las transformaciones tecnológicas han sido determinantes. Hoy en día, cuando hablamos de cultura de masas ya no nos referimos exclusivamente a aquella controlada por los grandes conglomerados industriales. El concepto ha desplazado su foco del lado de la producción al de la difusión: el carácter masivo no depende de un origen específico sino de los canales de circulación. La industria del entretenimiento tiene un peso y unas tendencias que se corresponden con los que Adorno y Horkheimer describían, se mueven por criterios mercantiles, pero, a la vez, el sistema se ha fragmentado y diversificado. Han surgido nuevos agentes: *youtubers*, blogueros, *influencers*, prosumidores... Categorías que muestran hasta qué punto se ha difuminado la frontera entre creación y consumo. La creación de contenidos está al alcance de mucha más gente, que dispone ahora de la capacidad de hacer llegar sus productos a un público de dimensiones que antes eran inconcebibles. El interés puede seguir siendo comercial, atraer publicidad o vender directamente algo, pero no tiene por qué serlo. La reducción de los costes de producción y difusión en el mundo digital permiten a cualquiera poner en escena sus intereses, aficiones, preocupaciones o vocación: desde hablar de libros a hacer demostraciones de los videojuegos favoritos o lanzar proclamas políticas. ¿Cómo clasificar esta constelación de mensajes en las categorías tradicionales? La distinción entre lo minoritario y lo masivo, lo selecto y lo popular, se desdibuja. No puede recaer solamente del lado del emisor; hay que tener en cuenta también a quién y a cuántos se llega.

Por supuesto, los intereses empresariales regulan el funcionamiento de las industrias culturales, que representan un porcentaje importante del PIB de unos cuantos países. Sus productos requieren una inversión generalmente costosa y dependen de una demanda masiva. La televisión, a pesar de la competencia de otras tecnologías, sigue siendo un instrumento con un gran impacto social y posibilidades de control. Es un espacio cultural que vehicula tanto el entretenimiento como la información de multitud de hogares, y es por eso mismo por lo que su estatus cultural no está suficientemente reconocido: en la mayoría de los gobiernos, la competencia sobre la televisión y los demás medios de comunicación no corresponde a un ministerio o departamento de cultura, sino que recae en los responsables de la estrategia política. Sin embargo, el consumo cultural, en un sentido amplio, de un alto porcentaje de ciudadanos se da a través de la televisión. Es una caja en la que cabe de todo, desde programas «basura» hasta las reflexiones de Bourdieu sobre la televisión o las de Pasolini sobre la sociedad de consumo, emitidas ambas por televisión. Su influencia potencial en la construcción de mentalidades, por lo tanto, continúa siendo incuestionable.

Sin embargo, la competencia de internet ha puesto el acento de lo masivo en la difusión. Cualquier individuo, desde su casa, puede llegar a millones de seguidores y, además, interactuar con ellos. La oferta se ha multiplicado exponencialmente y ha dejado de estar monopolizada por los creadores y agentes culturales acreditados, por un lado, y por las industrias culturales, por el otro. Parecía una promesa de emancipación y democratización. Ha sido, sin duda, una revolución, pero ha hecho rodar muchas cabezas, desbaratando modelos de negocio y precarizando a creadores que dependían de los derechos de propiedad intelectual, y ha ido seguida de nuevos napoleones que llamamos *algoritmos*. El control del consumo cultural, que tanto preocupaba a Adorno y Horkheimer, no se limita a la producción de contenidos, sino que alcanza su distribución. Después de que el medio fuera el mensaje, el canal de circulación es la mercancía. A pesar de la proliferación de la oferta y los focos de emisión, como efecto de la burbuja del filtro, de la que habla Eli Pariser, tenemos menos libertad de elección en lugar de más. El algoritmo identifica que tengo unos gustos y piensa que son los únicos gustos que tengo. Como decía el politólogo Ivan Serrano en una entrevista, «los algoritmos nos prometían mejores decisiones y continuamos tomando peores decisiones, pero de manera más sistemática. Y además no somos conscientes de ello porque tiene la apariencia de neutralidad, de una cuestión técnica».

Tanto si los objetivos son comerciales como de manipulación política, este desplazamiento del momento decisivo al polo de la recepción y a la elección del consumidor pone de relieve la trascendencia crítica de la responsabilidad en el ejercicio del consumo. El libro de Néstor García Canclini, *Consumidores y ciudadanos: conflictos multiculturales de la globalización* es anterior al imperio de internet y, sin embargo, muchas de las dinámicas que describe son aplicables a la situación actual. Vincula el ejercicio de la ciudadanía al del consumo y observa que las tecnologías de la comunicación, que han catapultado a las masas a la esfera pública, son responsables de canalizar la actividad ciudadana hacia el consumo. En un contexto de desafección hacia los partidos, sindicatos e instituciones, el mercado deviene espacio de participación y el ciudadano vota comprando. Lo vemos con frecuencia: las empresas apoyan causas sociales y medioambientales para atraer clientes y, del mismo modo que algunas son boicoteadas por sus malas prácticas, también lo puede ser un escritor, un actor o un cantante acusado de acoso o de racismo. El antiguo castigo del ostracismo se aplica hoy mediante la abstención en el consumo. De hecho, en cultura, el usuario siempre vota con su dinero. A pesar de la imagen de un sector altamente subvencionado, en Cataluña, por ejemplo, según datos del CONCA, más del sesenta por ciento del gasto en cultura lo pagan los propios consumidores, residentes y turistas; no viene de las administraciones públicas ni del patrocinio.

García Canclini sostiene que «el consumo sirve para pensar», contradiciendo así la presunción de que el consumo es irracional y manipulable mientras que las decisiones políticas son racionales. La constatación cotidiana de la irracionalidad y la manipulación en la política invita a contemplar la posibilidad de que, como consumidores, tenemos por lo menos la misma capacidad para la decisión informada, crítica y comprometida que como ciudadanos (aunque no sea decir mucho). Así, el consumo cultural masivo dejaría de ser sinónimo de adocenamiento y superficialidad, para abrir un espacio diferente de intervención, ante el que se puede estar en guardia, pero también incidir y seleccionar. Lo que no cabe es ignorarlo, darle la espalda como si no estuviera allí, con la excusa de no rebajarnos, cuando es parte integral de la atmósfera en que nos movemos cada día. La estrategia del avestruz, despreciar el consumo en la sociedad de consumo, supone renunciar a implicarse en una dimensión decisiva del sistema cultural. En lugar de plantear el problema como una dicotomía entre alta cultura y cultura de masas, conviene atender a los procesos de interconexión entre los dos espacios y de discriminación dentro de cada uno de ellos, poniendo en evidencia un panorama más complejo. Desde el punto de vista que interesa a este ensayo, si tenemos en cuenta la hegemonía inapelable de la cultura de masas y, en consecuencia, su función en la construcción social de sentido, con mayor impacto sin duda que la literatura o el arte, merece que se le conceda un tratamiento adecuado a su papel efectivo, al margen de nociones de prestigio o canonicidad.

9
HÍBRIDOS Y GLOBALIZADOS

> La idea del mestizaje, del trémulo valor no sólo de los mestizajes culturales, sino, más allá de ellos, de las culturas del mestizaje, que nos resguardan quizá de los límites o de las intolerancias que nos acechan y nos franquearán nuevos espacios en donde relacionarnos.
>
> ÉDOUARD GLISSANT,
> *Tratado del todo-mundo*

Uno de los focos de tensión más evidentes en estos tiempos paranoicos se da entre lo propio y lo ajeno, pero la definición misma de qué es propio y qué no lo es se ha complicado. La preocupación por qué es lo mío y quiénes son los míos moviliza desde las pasiones políticas al consumo. El cliente que recorre los pasillos de cualquier supermercado británico recibe constantes mensajes, con banderitas y etiquetas, acerca de cuáles son los productos nacionales. Cada compra es un referéndum. No se insiste, sin embargo, en el origen de los tomates o los mangos. Decir que el consumo, y el consumo cultural en particular, se ha globalizado es, a estas alturas, una obviedad. La cultura es, junto con la circulación de capitales, la deslocalización de la producción, los desplazamientos masivos de personas y la diseminación de la información, uno de los ámbitos donde la globalización se manifiesta cotidianamente. Celebrar Halloween, comer *sushi*, practicar yoga o bailar reguetón son manifestaciones culturales globalizadas. Ni siquiera hace falta recurrir a ejemplos de la hegemonía cultural estadounidense, aunque con éstos se pueda elaborar una larga lista, porque su capacidad de influencia y sus estructuras industriales y comerciales son proporcionales a su poder político, económico y militar. Sin embargo, la proyección global no es patrimonio exclusivo del centro del imperio, ni debió de serlo tampoco en modelos imperiales más antiguos.

La idea de un repertorio cultural propio de un país concreto que se expande por el planeta arrasando las diferencias locales y produciendo una cultura cada vez más homogénea, americanizándonos a todos, no deja de ser una simplificación. Supondría, de entrada, que el repertorio a exportar es puramente autóctono y, además, que los contactos culturales se resuelven en una única dirección, por imposición del invasor, sin tener en cuenta dinámicas de contaminación, retroalimentación y mestizaje. El proceso es más complejo, aunque no esté exento de los efectos perversos que preocupaban a Pasolini, de esa gradual entropía en la cual hay particularidades que se pierden.

Ningún fenómeno nace globalizado; se extiende desde algún sitio, al igual que los imperios, y tiene un origen más modesto. En lugar de entender la globalización como un estado, o una época, es más eficaz definirla como un proceso, en los términos que emplea Boaventura de Sousa Santos:

es un conjunto de intercambios desiguales en los cuales cierto artefacto, condición, entidad o identidad local extiende su influencia más allá de sus fronteras locales o nacionales y, al hacerlo, desarrolla una habilidad para designar como local otro artefacto, condición, entidad o identidad rival [«Globalizations»].

Santos subraya la asimetría del contacto y cómo la distinción es relacional: lo global se constituye como tal en tanto en cuanto sitúa a lo otro en el polo local, y viceversa. De este modo, Santos constata que el proceso tiene dos caras: hay localismos globalizados y globalismos localizados. La primera categoría se refiere a la proyección con éxito de un rasgo local, como la lengua inglesa, el cine de Hollywood o la *pizza*, que vence en la lucha por el reconocimiento y se impone sobre los localismos autóctonos. La segunda consiste en el impacto de los globalismos en las condiciones locales del entorno donde se implantan. Santos cita la desaparición del comercio tradicional y la agricultura de subsistencia, pero, también, un aspecto de carácter eminentemente cultural: la explotación del patrimonio histórico, el folclore, las ceremonias religiosas, la artesanía y la naturaleza al servicio del turismo global, haciendo que tradiciones, costumbres y objetos pierdan su función local. Suscribe, así, la visión del turismo como un monocultivo que distorsiona y empobrece el estilo de vida de la población local, subordinándolo a los intereses del visitante y al beneficio económico.

Según Santos, los intercambios favorecen a aquellos países que están en condiciones de globalizar sus localismos desde una posición central en el mercado, mientras que a los países periféricos les toca ocupar el polo receptor y encajan globalismos localizados. La resistencia frente a esta desigualdad asume la forma de lo que él llama «cosmopolitismo insurgente»: aquellos movimientos que aprovechan la compresión del espacio y el tiempo que ha propiciado la globalización, las tecnologías de la comunicación, las redes sociales y la facilidad de viajar para oponerse a este consenso neoliberal que presenta la globalización como el único estado posible.

Es cierto que los poderosos dictan las reglas de circulación y globalizan su repertorio cultural. El inglés es la *lingua franca* y hay una hegemonía cultural anglosajona, pero ni esa lengua ni esa cultura pertenecen ya en exclusiva a unos países concretos ni pueden leerse como expresión autóctona de un determinado territorio. Arrastran el aluvión de un heterogéneo legado postcolonial que incluye el *reggae* y a Salman Rushdie. El poderoso se apropia, además, de elementos de repertorios ajenos y los pone en circulación a través de los canales que controla, siguiendo la antigua estrategia de sincretismo que los romanos perfeccionaron. Y hay países como, por ejemplo, Japón, México y Brasil, que exportan con éxito sus localismos a escala global en una proporción que depende menos de la hegemonía que de la pujanza de la oferta misma. Los contactos entre culturas son habitualmente asimétricos, pero no siempre se resuelven del lado del más rico y poderoso. Los repertorios culturales se renuevan y enriquecen con las aportaciones de quienes ofrecen soluciones y modelos originales y atractivos, independientemente de su posición en la jerarquía. Agarrarse a los viejos repertorios conocidos, homogéneos y consolidados, es una forma de regresión con consecuencias peligrosas para la supervivencia en un mundo interconectado.

¿Quiénes se sienten, últimamente, más amenazados por los mestizajes y los efectos de la globalización? No necesariamente los países periféricos, sino algunos sectores de población en potencias imperiales antiguas y presentes, como Estados Unidos, Reino Unido, Francia o España, que votan por opciones políticas que les prometen el retorno no ya a una hegemonía que sus países de hecho no han perdido sino a un ideal nostálgico de identidad nacional, cuyo correlato económico es el proteccionismo, si bien es difícil fijar cuál puede ser ese punto cero de una sociedad homogénea e incontaminada por los intercambios. Desde la antigüedad más remota, las culturas evolucionan mediante el intercambio, la apropiación y la contaminación mutua. La ilusión de una cultura autónoma y unitaria se debe al olvido de los procesos históricos que la originaron o al consenso alrededor de un relato que borra las influencias ajenas.

Lo que llamamos globalización es un fenómeno específico de una época y vinculado a marcos legales y avances tecnológicos que determinan la liberalización del comercio, el flujo de capitales y personas, la aceleración y abaratamiento del transporte, y la revolución en las comunicaciones y la información, pero incorpora dinámicas ancestrales como las que, a otro ritmo, caracterizaron a los imperialismos. Lo que tienen en común estos procesos es la confluencia o mezcla de repertorios culturales distintos, que recibe denominaciones como *fusión*, *mestizaje*, *criollización* o *hibridación*. Sea cual sea la etiqueta que utilicemos, cada una con connotaciones que arrastra de su uso original, hablamos de un mecanismo fundamental en la constitución y el cambio de los sistemas culturales, que no ha hecho más que intensificarse en la era de la globalización, generando, como sabemos, tanto fecundidad como conflicto.

Puesto que los sistemas culturales no son monolíticos, estáticos ni estancos, sino todo lo contrario, hay que contemplar la hibridación como un efecto consustancial, ni deseable ni indeseable sino endémico, del funcionamiento de la cultura, que la globalización refuerza y estimula. Si Édouard Glissant dijo que nuestra común condición hoy es el multilingüismo y, aunque nos expresemos en una sola lengua, ya no lo hacemos de forma monolingüe, sino que vivimos en un estado permanente de traducción, también cabe sostener que somos todos mestizos e híbridos, como somos turistas y extranjeros en múltiples ocasiones y maneras y, en muchos sentidos, nómadas, diaspóricos, migrantes o exiliados. El desarraigo, la inestabilidad y la heterogeneidad son condiciones de nuestro tiempo.

Asumir la heterogeneidad significa que, en términos culturales, no se pueden trazar unos límites o fronteras que separen geográficamente lo propio y lo ajeno, el territorio del otro y el mío. Algunos de los debates políticos más encarnizados de nuestro tiempo tienen que ver con qué hacer con las fronteras: ¿convertirlas en muros impenetrables o en umbrales hospitalarios?, ¿hacer que nos separen o que sean puntos de contacto, comunicación e intercambio?, ¿borrarlas o crearlas donde hoy no las hay? Son conflictos ideológicos, por supuesto, pero también culturales, porque esa frontera física remite a una frontera interiorizada que define quiénes somos y quiénes son ellos, fundamenta la distinción entre quienes están a uno u otro lado de la frontera, y autoriza a atravesarla. En cambio, los procesos de hibridación revelan que los límites no son exteriores ni separan territorios. Son cambiantes y difusos, espacios de articulación y confluencia entre repertorios. Las fronteras son internas, las llevamos en nosotros mismos.

Néstor García Canclini define la hibridación como los procesos socioculturales en los cuales las estructuras o prácticas discretas que previamente existían en forma separada se combinan para generar nuevas estructuras, objetos y prácticas. Son procesos que relativizan la noción de identidad. Fijarse en la hibridación lleva a cuestionar la pretensión de establecer identidades puras o auténticas claramente delimitadas, porque al abstraer ciertos rasgos como distintivos (una lengua, unas tradiciones, unas costumbres, un canon de referencia) se tiende a olvidar la historia de las mezclas que los conformaron. El mestizaje y la hibridación están en algún punto del origen de cualquier cultura. El proceso sencillamente se ha acelerado e intensificado bajo la presión de la globalización.

Estos modelos nos permiten entender las culturas no

como compartimentos estancos sino como sistemas de relación, de negociación de hegemonías y confluencia de repertorios. Hablar de diversidad cultural o de multiculturalidad es, por lo tanto, menos pertinente que atender a la hibridación cultural, un acercamiento que no subraya la especificidad que distingue sino las dinámicas de interacción. Esta apuesta por el hibridismo la enuncia también Homi Bhabha como la manera de

> conceptualizar una cultura *inter*nacional, basada no en el exotismo del multiculturalismo o la *diversidad* de culturas, sino en la inscripción y articulación de la *hibridez* de la cultura. Para ello deberíamos recordar que es el *inter*—el filo de la traducción y la negociación, el espacio *entre*—el que lleva la carga del sentido de la cultura.

Situarse *entre* exige tomar conciencia de la relatividad, interconexión y codependencia de los espacios culturales. Un repertorio cultural es un conjunto de modelos y recursos de organización social: idioma, opciones de vida, tradiciones y costumbres, y un canon de autorrepresentaciones, de textos y relatos que configuran una memoria colectiva, un imaginario compartido alrededor del cual se cohesiona la comunidad. Si postulamos la existencia de un repertorio autóctono de un determinado territorio, quien llega de fuera vive en un entorno en el cual coexisten, en tensión más o menos domesticada, su repertorio de origen y el del territorio de adopción. En algunos aspectos de la realidad cotidiana, rige el repertorio hegemónico en el territorio; en otros, el repertorio trasplantado. Es decir, cualquier extranjero necesitará familiarizarse, hasta cierto punto, con los repertorios dominantes en el lugar a donde llega, además de que continuará utilizando el propio. En culturas como, por ejemplo, la catalana, hay siempre, por lo menos, dos repertorios en competencia, el español y el catalán, aunque uno domine sobre el otro según las esferas de acción y las circunstancias. Se las puede considerar, por lo tanto, intrínsecamente híbridas, porque estos desplazamientos entre códigos afectan también a los residentes autóctonos. En términos de funcionamiento sistémico, no existe tal cosa como una cultura catalana desvinculada de la cultura española. A estos niveles de mezcla hay que añadir, además, la coexistencia entre localismos globalizados y globalismos localizados, es decir, el impacto de los repertorios culturales globales sobre los locales.

Decir que el panorama es complejo es quedarse corto. Mucha gente percibe esta complejidad como una amenaza a su cultura, a su manera de ser y de vivir, es decir, a su identidad, porque han olvidado que todas estas cosas son el resultado del contacto entre culturas diversas, en tiempos remotos pero también recientes, porque es un proceso imparable. La hostilidad hacia los inmigrantes tiene componentes económicos y a veces hasta raciales, pero, asimismo, se concreta en tensiones culturales. El temor a la disolución de una cultura por contaminación externa, como la pintura que pierde su color al mezclarla con otra, es una advertencia que se repite en versiones extremas, como la del nazismo, o más leves, en nombre de la preservación de la identidad de una comunidad y de su forma de vida. Lo que llamamos limpieza étnica es la expresión violenta de este conflicto. Un caso más inofensivo es el del turismo: ahora es habitual que muchos sectores se quejen de sus efectos nocivos y, sin embargo, en los años sesenta esta apertura al exterior influyó beneficiosamente en la transformación social y de la mentalidad de los españoles, minando el control ideológico y moral que pretendía imponer la dictadura. Fueron cambios culturales que ayudaron a preparar el paso a la democracia, la incorporación a Europa y, por supuesto, a la sociedad de consumo. Lo que llamamos *modernización* es, con frecuencia, un efecto colateral y, a veces, un objetivo específico de la hibridación cultural.

Si atendemos a su omnipresencia, la hibridación no es una anomalía ni una distorsión que contamina la autenticidad de los sistemas culturales sino un mecanismo central en su funcionamiento. Las ideologías que tienen una concepción estática y exclusiva de la identidad cultivan el rechazo a cualquier forma de mestizaje, pero estas reacciones defensivas, por indeseables que sean las formas en que se manifiestan, lo que demuestran es la energía, social y política, que generan estas dinámicas de transformación cultural.

10
MEMORIA E IDENTIDAD

> Las identidades son los nombres que damos a las diferentes posiciones que nos asignan las narrativas del pasado y a las posiciones que nosotros mismos asumimos en ellas.
>
> STUART HALL,
> «Identidad cultural y diáspora»

Cuando una persona padece la enfermedad de Alzheimer no sólo va perdiendo progresivamente la capacidad de recordar sino también, paralelamente, muchos de los rasgos que asociamos a la identidad. Junto a los recuerdos que se borran, desaparecen, a medida que la enfermedad avanza, actitudes, creencias, hábitos, maneras de hablar y de comportarse. Aquello que caracteriza al individuo se vuelve irreconocible, hasta el punto de que cabe decir que la persona ya no es la que era. Lo último en esfumarse son los vínculos afectivos con el entorno más próximo, como en una regresión a una etapa anterior a la conciencia de uno mismo. El dolor de perder a la persona querida antes de que la muerte se la lleve es inherente a la experiencia de acompañar a personas con este tipo de patologías que destruyen la memoria. Nos demuestra en qué medida somos memoria. Como dice Thomas Luckmann, la identidad humana está hecha de la sustancia del tiempo. Somos un relato que nos contamos a nosotros mismos (hasta donde podemos o sabemos), hecho de retazos de lo que hemos vivido, de lo que otros nos han dicho o de lo que hemos leído, de alegrías y penas, deseos y temores que nos han ido configurando como individuos y que incluyen aquello inscrito en profundidades ocultas a nuestra conciencia.

Buena parte de estas consideraciones acerca del funcionamiento de la memoria individual son aplicables a lo que denominamos *memoria colectiva*. La gran diferencia es que la memoria colectiva no reside propiamente en el grupo, porque quienes recuerdan, quienes están dotados de la facultad de la memoria, son los individuos. Al poner en circulación el concepto, Maurice Halbwachs pretendía mostrar la interacción entre la dimensión social e individual de la memoria:

Mientras la memoria colectiva perdura y se fortalece gracias a estar basada en un conjunto coherente de personas, son los individuos en tanto que miembros del grupo quienes recuerdan. Mientras estos recuerdos se apoyan mutuamente unos en otros y son comunes a todos, aun así, los miembros individuales varían en la intensidad con que los experimentan.

Para Halbwachs, incluso la memoria individual se sustentaba en el contacto con el grupo, retroalimentándose, así, las dos facetas de la memoria. Sin embargo, cuando manejamos habitualmente esta categoría, nos referimos a una memoria colectiva que excede la capacidad de recordar de los individuos. El grueso del bagaje compartido que identifica una comunidad lo componen acontecimientos tan remotos en el tiempo que están mayoritariamente fuera del alcance de la memoria individual de los miembros del grupo. Y, sin embargo, son recordados.

Para dar cuenta de esta distancia entre lo que por lo menos algunos miembros del grupo pueden, efectivamente, recordar y transmitir, y los hechos lejanos que, sin embargo, la comunidad rememora y que constituyen una parte fundamental del legado que la identifica, Jan Assmann completó la propuesta de Halbwachs mediante la distinción entre memoria comunicativa y memoria cultural. La primera depende de la existencia de canales de transmisión personal, de una generación a otra, y, por lo tanto, abarca una franja temporal limitada, de aproximadamente ochenta años, que conecta a tres generaciones, de abuelos a nietos. La memoria cultural trasciende estos límites y la supervivencia de testigos. Se construye mediante procesos de memorialización: monumentos, museos, conmemoraciones, ritos, imágenes, textos y otras formas simbólicas de preservación. Cuando Halbwachs hablaba de memoria colectiva no tenía en cuenta esta modalidad externalizada, sino que le interesaba observar cómo los recuerdos se afianzan al ser compartidos por el grupo. Sin embargo, la dimensión cultural es fundamental para entender cómo el grupo se constituye y reconoce como tal, porque nos consta que su horizonte de relevancia y la impresión de continuidad superan ampliamente la percepción de unas pocas generaciones.

El horizonte temporal puede ser muy lejano, puede remontarse a al-Ándalus, la resistencia de Masada o Juana de Arco, pero sólo alcanza épocas y acontecimientos con los que el grupo se identifica y cuyo legado pueda reclamar como propio. Lo que distingue la memoria cultural de otras formas de conciencia histórica y de conocimiento del pasado es que, en lugar de ser acumulativa, entraña el olvido. Para Assmann, la memoria cultural sólo puede desempeñar su función identitaria olvidando lo que está fuera del horizonte de lo relevante para el grupo. La memoria colectiva es, en cierto modo, una forma de consenso social. Los miembros de un grupo comparten narraciones acerca de su pasado común, que identifican, explican y fundamentan la comunidad. Es decir, la identidad como grupo no es el origen ni la causa del repertorio narrativo, sino, por el contrario, su efecto: se construye mediante dicho repertorio. Los mitos y leyendas de la tribu le dan cohesión y la distinguen, igual que ocurre con las épicas nacionales y las anécdotas familiares.

Esta conexión entre temporalidad y narratividad la argumentó Paul Ricœur: si la historia, la ficción o el testimonio recurren a la narración para dar cuenta del pasado se debe a que el ser humano organiza su experiencia del tiempo según una estructura narrativa. Somos relato. Somos también muchas otras cosas que inciden en la operación de la memoria, individual y colectiva. Éste es uno de los muchos aspectos de la reflexión sobre la cultura que pone en evidencia la dificultad de separar naturaleza y cultura, ciencia y humanidades. Como muestra el ejemplo del que he partido sobre los trastornos de la memoria, cualquier discusión sobre el funcionamiento del cerebro, y no cabe hablar de memoria sin remitirnos al órgano en que reside esta capacidad, obliga a acudir a las lecciones de la biología, que ha avanzado exponencialmente en el conocimiento del cerebro en los últimos tiempos. Además de los descubrimientos que se refieren a las bases biológicas de la actividad cerebral, cuando nos ocupamos de la memoria colectiva hemos de tener en cuenta que hay una memoria de la especie que llevamos encriptada en el código genético. Desde este punto de vista, la cultura es resultado de la evolución del ser humano, y la memoria colectiva puede entenderse como un mecanismo adaptativo que favorece la cohesión social del grupo en una especie gregaria.

Una de las funciones de la cultura, entendida en el sentido amplio, como un vasto repertorio de modelos para dar sentido y organizar la vida, es abastecer de relatos el acervo del grupo o, dicho de otro modo, ser memoria colectiva.

Cuando hablamos de culturas diferentes, nos referimos no sólo a lenguas, cocinas, indumentarias y costumbres, sino también a esta variedad de repertorios narrativos que generan identificación y configuran la identidad del grupo. Es uno de los aspectos en los que cabe constatar la continuidad, más que la separación, entre el sentido antropológico de cultura y el sentido restringido que aplicamos a las diversas formas de producción cultural, desde las artes a la cultura de masas. La literatura, el cine, la fotografía, los museos, los monumentos, la música popular, las series y reportajes de televisión alimentan la memoria colectiva con representaciones del pasado que refuerzan o modifican el consenso dominante. Por supuesto, la historia juega un papel, pero lo decisivo para la memoria colectiva no es que la representación de los hechos históricos sea fidedigna o veraz, sino que sintonice con el sentir y la creencia de la comunidad. Según Assmann, «no es el pasado como tal, como es investigado y reconstruido por los arqueólogos y los historiadores, lo que cuenta para la memoria cultural, sino solamente el pasado tal como es recordado». Así, para Halbwachs, la memoria colectiva se diferencia de la historia en que «es una corriente de pensamiento continuo cuya continuidad no es en absoluto artificial, porque retiene del pasado sólo lo que todavía pervive o es capaz de pervivir en la conciencia de los grupos que mantienen la memoria viva».

La memoria es una función del presente, sirve al presente y depende de él. Más que como un repositorio del pasado, conviene entenderla como su representación, es decir, no como la facultad de hacer presente el pasado sino de sustituirlo por su figuración o reescritura. Como sostiene Andreas Huyssen, el pasado no está contenido en la memoria, sino que debe ser articulado para convertirse en memoria. Y subraya que «la fisura que se abre entre experimentar un acontecimiento y recordarlo en la representación es inevitable». Esta distancia ineludible entre experiencia y representación explica por qué, para los griegos, Mnemósine, la memoria, era la madre de todas las musas. En las artes, la representación viene después, remite a algo que ya no es y no puede hacerse presente sino indirectamente, como nos recuerda Proust, mediante la construcción de un artificio.

La producción cultural, en todas sus manifestaciones, es una de las formas primordiales de relacionarnos con la memoria. Sirve para articularla y es, en efecto, donde se materializa la memoria cultural. En una sociedad como la actual, fascinada por la inmediatez y la velocidad en las comunicaciones, la idea del diferimiento en la representación puede resultar extraña e impertinente. Los medios de comunicación y las redes sociales se esfuerzan en hacernos sentir que estamos recibiendo información y asistiendo a los acontecimientos en tiempo real, en directo, obviando la diferencia entre experiencia inmediata y experiencia mediada, entre presencia y representación. Por mínimo que sea el diferimiento, el paso al registro de la memoria es instantáneo y se da por medio de la representación.

Esta sociedad capitalista instalada en el presente, regida por el principio de la satisfacción inmediata de los deseos, tiene todos los síntomas para ser diagnosticada como amnésica. No obstante, Huyssen destaca la paradoja de que la tendencia a la amnesia convive con una verdadera obsesión por todo lo que tiene que ver con la memoria, que ha llegado a alcanzar la magnitud de un *boom* de la memoria que caracteriza nuestra época:

Uno de los fenómenos culturales y políticos más sorprendentes de los últimos años ha sido la emergencia de la memoria como una preocupación cultural y política clave en las sociedades occidentales, un giro hacia el pasado que contrasta llamativamente con la primacía del futuro tan característica de las primeras décadas de la modernidad del siglo XX.

Huyssen pone como ejemplo de esta obsesión por la memoria que el debate acerca de cómo conmemorar el ataque a las Torres Gemelas en Nueva York se inició poco después de aquel *shock* traumático. Por otro lado, las reflexiones sobre el testimonio y la representación del Holocausto constituyen el punto de inflexión en este auge de la memoria. Ésta se convierte en un imperativo ético a partir del momento en que Primo Levi y otros supervivientes de los campos invocan el deber de la memoria, la obligación de recordar para no repetir. Esta misión preventiva de la memoria, como una vacuna contra los horrores de la historia, ha demostrado no ser infalible. No ha acabado con el antisemitismo y hemos asistido a otros genocidios y limpiezas étnicas, a crímenes contra la humanidad, ataques contra la población civil y desplazamientos masivos de refugiados. En el haber de la memoria, sin embargo, cabe contar el proyecto común europeo, que ha garantizado la paz entre enemigos ancestrales durante más de medio siglo. La mentalidad actual de países como Alemania no se entiende sin las lecciones de la Segunda Guerra Mundial y sin un arduo trabajo de memoria. Parte de esta memoria colectiva está explícitamente articulada, mientras que otra parte está, como dice Hans Ulrich Gumbrecht, latente, como un esqueleto en el armario.

La discusión sobre la inscripción cultural de una historia de conflictos y traumas de un siglo de duración—el tramo que nos separa de la Primera Guerra Mundial—inevitablemente lleva a preguntarse qué hay de aquel período que importe ahora. ¿Cuánto de aquel pasado aún nos acompaña en forma de duelo? ¿Cuánto de aquello todavía nos persigue como un fantasma? ¿Hasta qué punto tiene todavía sentido? El reconocimiento de una presencia que está oculta a la conciencia, efectivamente invisible pero, sin embargo, innegable y potencialmente capaz de emerger en cualquier momento, tiene un continuo efecto silencioso que no desaparece. Es lo que Gumbrecht ha denominado *latencia*. El problema no es la recuperación del pasado como pasado, sino su presencia latente o manifiesta en el presente. Es una herida que no ha cicatrizado por completo.

En España, sin ir más lejos, la gestión de la memoria colectiva es una asignatura pendiente. El recuerdo de un pasado traumático ha dejado una sociedad masivamente antimilitarista y antibelicista. Lo que pudo ser una solución eficiente para facilitar una transición pacífica a la democracia y evitar un ajuste de cuentas que volviera a dividir, dejó injusticias sin enmendar, miles de víctimas enterradas en fosas anónimas por campos y cunetas, y un dictador en un sepulcro monumental hasta hace cuatro días. También proliferan las polémicas acerca del revisionismo histórico, sobre la Guerra Civil, la Guerra de Sucesión en Cataluña o la Segunda Guerra Mundial. La conmemoración del septuagésimo quinto aniversario de la liberación de Auschwitz-Birkenau quedó empañada por las diferentes lecturas de la historia que sostienen los gobiernos de Rusia y Polonia. En medio de las negociaciones de la deuda durante la pasada crisis financiera, Grecia presentó una reclamación de reparaciones de guerra contra Alemania por la ocupación nazi. Cualquiera que haya sido la motivación táctica del gobierno griego, contaban con que la reclamación encontraría eco en la memoria colectiva de sus ciudadanos. La sombra de la Segunda Guerra Mundial sigue contaminando las relaciones entre antiguos contendientes y actuales aliados.

Hay agujeros negros en la memoria de los conflictos del siglo XX que siguen sin abordarse tanto a nivel nacional como supranacional. En algunos países, hay poca voluntad política para recordar episodios nada gloriosos. En Polonia, mientras se rememoran episodios como la masacre del bosque de Katyn y el levantamiento de Varsovia, la película *Pokłosie* (*El secreto de la aldea*, 2012), dirigida por Władysław Pasikowski, sobre el pogromo de Jedwabne, en el que centenares de judíos polacos murieron a manos de sus vecinos católicos en 1941, fue acusada de desacreditar al país por subrayar el antisemitismo popular. Los debates, en 1994, acerca de la exposición que pretendía organizar el National Air and Space Museum del Smithsonian en Washington alrededor del *Enola Gay* y el bombardeo de Hiroshima, que se enfrentó a la oposición de las asociaciones de veteranos de guerra, se reprodujeron en Nueva York por la interferencia de las familias de las víctimas en el diseño del Memorial y Museo del 11-S. En estos y otros muchos casos, la memoria es un contencioso inagotable y el combate se libra en el campo de batalla cultural.

El recuerdo de los conflictos pasados puede ser la base de la paz futura, declarando «nunca más», o una causa de violencia futura, para reparar supuestos o reales agravios históricos. Dos tendencias opuestas definen el papel de la memoria colectiva en la construcción de los relatos vigentes: lo que podríamos caracterizar como la disolución de los enfrentamientos en una tendencia pacificadora y, por el contrario, recuerdos dolorosos y traumáticos vinculados a problemas no resueltos u hostilidades latentes que provocan el renacer de los conflictos en un ciclo inacabable. Aunque se supone que existe una voluntad categórica de no repetir los horrores del pasado y las llamadas al recuerdo son una parte integral de este compromiso ético, no es menos cierto que la memoria alimenta la hostilidad entre los grupos y la construcción de la imagen del enemigo.

Como reportero en las guerras de la antigua Yugoslavia, David Rieff fue testigo de los abusos de la memoria colectiva y la manipulación de la historia. Las justificaciones para la violencia interétnica eran herederas de las ideologías nacionalistas de los ustachas croatas y los chetniks serbios en la Segunda Guerra Mundial, pero se remontaban también a la batalla de Kosovo en 1389 y a la ocupación otomana. La constatación de los potenciales efectos perniciosos del culto a la memoria llevó a Rieff a escribir *Contra la memoria* y *Elogio del olvido* para argumentar que la desmemoria puede, en ocasiones, tener una función higiénica para permitir la convivencia:

No sugiero que haya una solución fácil. Por el contrario, es probable que la necesidad de los seres humanos de comunidad, que ya es imperiosa en tiempos de paz y abundancia, se sienta como una exigencia psíquica y moral en tiempos difíciles. Pero por lo menos que no se haga la vista gorda ante el alto precio que las sociedades han pagado y continúan pagando por el consuelo del recuerdo. Son los casos en los que es posible que, mientras que olvidar sea una injusticia para el pasado, recordar sea una injusticia para el presente. En tales ocasiones, cuando la memoria colectiva condena a las comunidades a sentir el dolor de sus heridas históricas y la amargura de sus agravios históricos, no es el deber de recordar, sino un deber de olvidar el que se debería acatar.

El peligro se deriva del papel de la memoria colectiva en la fundamentación afectiva de la identidad del grupo. Los recursos culturales para articular la memoria construyen la propia identidad diacrónicamente, como proyección en el tiempo, tanto si se trata del individuo como de una comunidad, una familia, una nación o una confesión religiosa, cohesionada por cierto grado de afiliación afectiva. Son las *comunidades afectivas* de las que hablaba Halbwachs, cuyos vínculos se refuerzan mediante la memoria compartida. Recordar es, por lo tanto, un indicador de la pertenencia al grupo. Al igual que hace falta recordar para ser uno, uno debe recordar para pertenecer. Para no ser uno de los otros. Así, la concreción de la identidad respecto del grupo se manifiesta como una determinación en sentido positivo, «somos esto», o negativo, «somos lo opuesto de aquello».

II
INFLEXIONES DE LA DIFERENCIA

> ... uno se asombra de que la mujer, la doncella, Galatea que se despierta apenas en el inconsciente de ese cuerpo de hombre donde está encerrada, haya sabido tan ingeniosamente, por sí misma, sin que nadie se lo enseñara, aprovechar salidas de su prisión, encontrar lo que era necesario para su vida.
>
> MARCEL PROUST,
> *Sodoma y Gomorra*

El espacio cultural contemporáneo es una constante negociación de identidades. Uno o una habla según lo que es y de lo que es. Para ello hace falta saber qué o quién es, y ejercer como tal. La pregunta fundamental en la reflexión teórica de nuestro tiempo es si está primero el ser o el ejercer. La explosión de los debates acerca de la identidad—de género, étnica o nacional—va acompañada de un creciente cuestionamiento de las concepciones esencialistas, que atribuyen a la identidad un carácter unívoco y estable, para subrayar, en cambio, la dimensión performativa. Las distinciones que pretendían fundamentarse en la propia naturaleza, en hechos biológicos supuestamente incuestionables, como el sexo o el color de la piel, han chocado con la constatación de su carácter cultural. Los avances de la investigación en genética comparada han demostrado que las clasificaciones raciales no tienen base científica alguna. Sin embargo, se mantienen vigentes en el terreno de los prejuicios y la discriminación. Tampoco la asignación del sexo al nacer según un criterio binario, mujer u hombre, tiene una correspondencia genética evidente, ni mucho menos una manifestación predeterminada durante la experiencia vital. La proliferación de siglas—LGBT, LGBTI, LGBTQ, LGBT+—que intentan dar cabida a la variedad de posibilidades que se salen de la norma binaria no hacen sino confirmar el carácter convencional, a la vez cultural e histórico, de las etiquetas que manejamos.

Aunque no contáramos con la evidencia científica, ha habido siempre indicios más que suficientes del carácter no natural de las divisiones raciales y étnicas. Cualquiera que haya tenido que rellenar en Estados Unidos un formulario en el que se pida que se identifique con alguna de las categorías de la lista oficial de la Oficina del Censo se habrá dado cuenta de su arbitrariedad. La lista combina un criterio supuestamente racial con otro étnico. Los grupos raciales son blanco, negro o afroamericano, asiático, indio americano o nativo de Alaska, nativo de Hawái o de otra isla del Pacífico, u otra raza. La única diferenciación étnica oficial es entre hispano o latino y no hispano o latino, siendo el criterio el origen nacional o cultural: provenir o descender de un país hispano, lo cual obviamente puede o no incluir España, según se mire, independientemente de la raza. Contrastan los matices entre los nativos de los territorios estadounidenses y la variedad que se oculta bajo etiquetas tan amplias como asiático, que incluye a indios, chinos, japoneses, malayos, etcétera, y blanco, que abarca, además de Europa, Oriente Medio y el norte de África. Maoríes y aborígenes australianos han de acogerse a la categoría de «otros», mientras los de Samoa y Guam están identificados. La clasificación, por lo tanto, no toma en consideración ni la magnitud demográfica ni la estricta peculiaridad racial, y se explica no por algún rasgo inmanente sino por aquello que se pretende diferenciar. Puesto que es el propio individuo quien se adscribe a uno u otro grupo, todo depende de la etiqueta o el legado con el que se identifica o de los beneficios que le pueda reportar la pertenencia a cierta minoría poblacional.

La obsesión por la identidad ha hecho que se ponga de moda una de las funciones de la aplicación de edición fotográfica Gradient, el cálculo de etnicidad, o *ethnicity estimate*. A partir de cualquier selfi o fotografía, el algoritmo analiza las facciones del rostro para deducir los porcentajes de ascendencia genética. Una foto de Elvis Presley, por ejemplo, da treinta y nueve por ciento judío, veinticuatro por ciento escocés, diecinueve por ciento alemán y dieciocho por ciento británico (sin que quede claro cómo lo separan de lo escocés). Querer conocer los propios orígenes se traduce en porcentajes de identidad. Un juego o entretenimiento gracioso oculta, sobre todo en ciertas sociedades, el potencial para establecer marcadores de prestigio o de discriminación social. Parece la última reencarnación de la desacreditada fisiognomía de Cesare Lombroso y la antropometría nazi, dignificadas mediante la inteligencia artificial y los *big data*. Esta tecnología, puesta al servicio de políticas supremacistas o de limpieza étnica, daría lugar a usos nefastos.

Aunque la noción de etnia es cultural y no racial, en cuanto se traduce en una herencia genética, la identidad adquiere rasgos inmutables. La película *Le fils de l'autre* (*El hijo del otro*, 2012), de Lorraine Lévy, plantea, a través de una historia en la que, por error, un bebé judío es intercambiado al nacer por otro palestino, que, puesto que para ser judío hace falta haber nacido de madre judía, no basta con haberse criado como judío. Los documentos de identidad que los colonizadores belgas implantaron en Ruanda, en los cuales constaba el grupo étnico del portador, ejemplifican la deriva perversa de la fijación por la etnicidad y sirvieron para identificar a quién matar en las masacres de 1994. Las autoridades coloniales utilizaron la fotografía y la frenología para dividir a la población entre hutus y tutsis según criterios con pretensiones científicas, borrando la tradicional organización en clanes, a pesar de la dificultad de una delimitación clara entre estos grupos a partir de rasgos físicos. Se aplicó una noción de raza socialmente construida que continuó teniendo efecto más allá del período colonial y que fue la causa de los sangrientos conflictos que siguieron.

El motivo originario de la distinción está en la exclusión: diferenciar entre miembros de la tribu o del clan y los que no lo son, helenos y bárbaros, pueblo elegido y gentiles, fieles e infieles. Nosotros y ellos. Ante la imposibilidad de recurrir a criterios raciales o étnicos, los Reyes Católicos aplicaron un indicador cultural: la religión. Hasta mediados del siglo XIX, en Estados Unidos, las únicas categorías pertinentes eran las de blanco o no blanco, que se reducía a indio americano o negro; es decir, la separación entre los ciudadanos que gozaban de plenos derechos y los que no. Como consecuencia de la aprobación del Decreto de Exclusión de los Chinos (Chinese Exclusion Act) en 1882, cuyas consecuencias no fueron derogadas por completo hasta 1943, los chinos se convirtieron en el siguiente grupo discriminado. Después de haberse aprovechado de la mano de obra barata para la construcción del ferrocarril y el trabajo en el campo, en respuesta a las protestas de movimientos sindicales y políticos, se frenó la inmigración, se impidió el acceso a la ciudadanía, se restringió la propiedad de la tierra e incluso se prohibieron los matrimonios con blancos. La construcción social de la calificación racial se introduce, por lo tanto, con el objetivo de limitar derechos civiles a aquellos grupos que interesa diferenciar.

Una muestra de cómo estas clasificaciones son una convención cultural son las pinturas de castas que proliferaron en los Virreinatos de Nueva España y Perú durante el siglo XVIII. Estas pinturas eran un catálogo de las denominaciones que recibían las distintas mezclas raciales: español e india da mestiza, mestiza y español da castizo. Lo llamativo es que, si seguimos la línea de combinaciones un paso más, castizo y española da, de nuevo, español. Una determinada combinación restablece la condición de español, vuelve a «blanquear» al individuo, lo cual era socialmente significativo, porque había profesiones y privilegios que estaban reservados a los españoles.

La conciencia de que el estatus social y la clasificación racial estaban vinculados, de que contenían un grado asumido de arbitrariedad y podían ser un reflejo injusto de la condición de la persona, dio lugar, en 1795, a la aprobación por parte de Carlos IV de la Real Cédula de Gracias al Sacar, una disposición que permitía, mediante el pago de una tasa (quinientos reales de vellón), ser dispensado de la condición de pardo o mulato. Aunque el motivo no era altruista, sino las necesidades recaudatorias de la Corona, el resultado fue que una persona con medios económicos podía liberarse del estigma racial y acceder a instituciones educativas, ocupar cargos públicos y ascender socialmente. Frente al determinismo biológico, se reconocía que quienes ya gozaban de una posición respetada en la comunidad podían, a ciertos efectos, ser considerados blancos, independientemente de su color de piel. Este relativismo cultural tropezó, por supuesto, con la oposición de la clase dirigente de blancos criollos, pero la mayoría de las solicitudes que llegaban a la Corona se tramitaban con éxito.

Éste era un modelo opuesto al de «una gota de sangre», que se impuso en algunos estados de la antigua Confederación tras la guerra civil norteamericana, para perpetuar la segregación bajo otro marco legal, según el cual un solo ancestro negro bastaba para ser considerado *colored*. Durante la primera mitad del siglo XX, en Tennessee, Virginia y Luisiana se llegó a cambiar la clasificación de individuos y familias en el registro civil según un esquema binario, blanco o de color, de manera que hasta los nativos americanos pasaban a ser negros. El criterio de «una gota de sangre» nunca se sancionó en la legislación federal, pero está bastante arraigado en la mentalidad popular. Por otro lado, esta división binaria sin matices fue aprovechada por los movimientos en defensa de los derechos civiles en los años sesenta para reclutar para su causa a todo aquel que pudiera invocar un mínimo grado de procedencia afroamericana.

Muchos movimientos de emancipación han necesitado valerse de la defensa de una identidad propia diferenciada y contrapuesta a la del opresor. Aimé Césaire apeló a la noción de *négritude* como una identidad transatlántica compartida por los movimientos de liberación africanos y los de la diáspora, para hacer de la toma de conciencia racial una estrategia de resistencia contra el colonialismo. La afirmación de una identidad nacional, en cambio, es un motor de las luchas por la independencia que se contrapone a los factores transnacionales, que sí se convocan en la lucha de clases. Aunque aquí convendría introducir muchos matices según el contexto, poco o nada tienen que ver los procesos de descolonización en América o el África subsahariana con la independencia de la India y Pakistán, Sudáfrica, Israel, Irlanda o Ucrania, por ejemplo. En todos ellos, sin embargo, cabe apreciar fuerzas centrífugas y centrípetas de identificación, factores culturales que unifican y otros que separan, interna y externamente.

También el feminismo se apoyó en sus inicios en una división binaria, entre hombres y mujeres, a partir de la diferenciación biológica entre dos sexos que coincidían con los géneros masculino y femenino. La categoría «mujer» era, por lo tanto, transversal, independiente de factores como la clase social, la etnicidad, la nación o la religión, tan generalizadora como podía ser la negritud. Las críticas al borrado de las desigualdades entre estatus y condición de las mujeres en contextos diversos, entre los privilegios de las que tienen «una habitación propia» y la opresión de quienes carecen de los mínimos derechos, dio paso a un feminismo más atento a la dimensión socioeconómica y a las realidades postcoloniales, en particular a la doble subalternidad, por mujeres y por pobres, de las mujeres en los países en desarrollo. Pero el debate seguía articulado sobre la dicotomía hombre-mujer, dominado, implícitamente, por un modelo heterosexual. La identidad femenina se definía con relación a una hipotética identidad masculina, como si ambas no estuvieran entreveradas de complejidades internas. Las reivindicaciones de los colectivos homosexuales pusieron en evidencia la multiplicidad del deseo y las consecuencias de tener en cuenta la orientación sexual a la hora de definir el género. Al abrir el abanico de las opciones, el esquema binario quedaba obsoleto: gays, lesbianas, *queer*, bisexuales, transexuales, pasaban de ser etiquetas con las que nombrar unas prácticas o preferencias, a identificar posiciones de género en un entramado fluido y complejo, en el cual el lugar que alguien ocupa adquiere su sentido en relación con las otras alternativas, en un campo regido por vectores de diferenciación, no por nichos prefijados. Las posibilidades y variaciones se multiplican. Las combinaciones entre el sexo biológico, la orientación del deseo y la identidad de género que se asume configuran un caleidoscopio de roles. La categoría, recientemente añadida a la lista, de «género fluido» (*gender fluid*) acoge opciones que escapan a una adscripción fija, y reconoce el carácter dinámico de la diferenciación. Judith Butler ha demolido, mediante una reflexión teórica rigurosa y radical, los presupuestos heterosexuales del feminismo y su focalización en el esquema binario masculino-femenino. Los dos aspectos de su propuesta que inciden de manera más directa en la articulación de las diferencias son, primero, que el género es una construcción cultural y no un determinante biológico, y, segundo, su condición performativa. Para Butler, el género no se puede deducir del sexo sino que tiene un sentido cultural, es una forma de significar la diferencia que los cuerpos sexuados asumen. De la separación entre sexo y género se sigue lógicamente que no hay una equivalencia obligada y unívoca entre cuerpos y géneros:

> Si la verdad interior del género es una fabricación y si un género verdadero es una fantasía instituida e inscrita en la superficie de los cuerpos, entonces parece que los géneros no pueden ser ni verdaderos ni falsos, sino que sólo son producidos como el efecto de verdad de un discurso de la identidad estable y primaria.

No existe, por lo tanto, una identidad que preceda a la toma de posición social y política, y en cuyo nombre se lleve a cabo esa toma de posición y se emprenda la acción reivindicativa. La identidad se constituye y afirma en la toma de posición y en la acción. Es decir, la identidad no se tiene; se ejerce, se practica. Antes se decía que, mediante ciertas actividades, como el servicio militar, uno se hacía un hombre. Eso quiere decir que no lo era de forma automática de nacimiento. Una conducta determinada, postulada culturalmente como masculina, hace hombre, y otra, postulada como femenina, hace mujer: uno hace de hombre o hace de mujer, al margen de la asignación de sexo al nacer. Del mismo modo, unos signos y unos roles codificados por la sociedad, distintos según la época o la cultura, son indicadores de masculinidad y de feminidad. Y pueden ser adoptados por personas de uno u otro sexo. Lo interesante de los rasgos de género es que su sentido depende de lo que no son, es decir, de otros rasgos respecto de los cuales se diferencian. En algunos contextos y sociedades están rígidamente atribuidos y se penalizan las transgresiones, mientras que, en otras, se puede escoger con libertad e incluso mezclarlos e intercambiarlos.

Travestirse, el *drag* del que habla Butler, es una modalidad de transgresión más o menos tolerada en casi todas las sociedades, que pone en evidencia la norma y el mecanismo imitativo del género, al igual que su contingencia. Adoptar vestuarios, gestos y accesorios basta para interpretar el rol de género y hacerse pasar por otro/a. Esta condición de *performance* no sólo subraya la teatralidad, sino que muestra cómo el género se actúa: es el resultado de una actuación, de un repertorio de prácticas socialmente sancionadas. Una construcción cultural y no una fatalidad anatómica, aunque la genética pueda influir en las opciones preferidas y los tratamientos hormonales mediar en la transición. El lenguaje cumple también una función esencial y la creciente tendencia en algunas instituciones anglosajonas a dar a sus miembros el derecho a elegir con qué pronombre se sienten identificados y quieren que se use al referirse a ellos—*he*, *she* o *they* para evitar la distinción—es un indicio más.

Las mayores contribuciones de Butler fueron desplazar el debate a la cuestión de la performatividad y añadir complejidad, al quebrar el binarismo. Demostró que las identidades de género son categorías frágiles e inestables, sin suficiente fundamentación biológica. Esto supuso una revolución dentro del pensamiento feminista y, en este sentido, hay que reconocer que las teorías postestructuralistas han contribuido a superar las dicotomías estáticas. Nos han ayudado a dejar de pensar en conceptos cartesianos, claros y distintos, y, por lo tanto, a abandonar la visión de las identidades como algo compacto y permanente. Heráclito se ha impuesto a Parménides. Necesitamos recursos culturales y un lenguaje para pensar el juego de las diferencias, para atender a los intersticios y a las tensiones que en ellas operan, que determinan la posición que cada pieza ocupa en un sistema relacional, donde el sentido de cada una depende del sentido de los lugares que no ocupa. Es un reto más difícil, por supuesto, que pensar en términos de unidades y grupos compactos, de nosotros y ellos, de unos y otros.

A efectos de esta argumentación, es útil recordar la distinción que Homi Bhabha establece, en *The Location of Culture*, entre diversidad cultural y diferencia cultural. La noción de diversidad implica un repertorio de identidades predeterminadas e independientes: «La diversidad cultural es también la representación de una retórica radical de la separación de culturas totalizadas, a salvo en el utopismo de una memoria mítica de una identidad colectiva única». Bhabha emplea la noción derridiana de *différance* para cuestionar los fundamentos teóricos del concepto mismo de identidad, llamando la atención, como Butler, sobre el carácter performativo de la enunciación de la diferencia. Nos invita a posicionarnos en el intersticio, en el lugar sin lugar desde el que se nombra la diferencia. A partir de ahí, la cultura no se ve como unitaria, ni siquiera como una oposición binaria entre uno y otro, sino como un proceso de enunciación de tipo relacional, lo que también podría llamarse un proceso de interacción. Nos obliga a cuestionar la propia autoridad de la cultura como conocimiento de una verdad que existe al margen de la cultura que la enuncia, y hace que la posición del enunciador sea problemática, ya que cuestiona la posibilidad de hablar desde *afuera*. Al igual que señalábamos al referirnos a la hibridación cultural, no hay compartimentos exentos entre los que uno pueda desplazarse, sino que estamos todos sometidos a las inflexiones de la diferencia, a la compleja construcción y enunciación de nuestras múltiples identidades.

12
EL LÍMITE DE LA NACIÓN

> La «localidad» de la cultura nacional no está unificada ni constituye una unidad en relación consigo misma, y tampoco debe ser considerada simplemente «otra» en relación con lo que está fuera o más allá de ella. La frontera tiene dos caras, y el problema del adentro y el afuera siempre debe ser en sí mismo un proceso de hibridación que incorpore a «gente» nueva en relación con el cuerpo político, genere otros espacios de significación e, inevitablemente, en el proceso político, produzca lugares acéfalos de antagonismo político y fuerzas impredecibles para la representación política.
>
> HOMI BHABHA,
> *Nación y narración*

Benedict Anderson las llamó *comunidades imaginadas*, pero no por imaginadas son menos reales ni sus efectos menos tangibles. Sólo la religión puede competir con la nación en la cantidad de sangre que ha hecho derramar. La mayoría de los conflictos por los que se combate hoy en día son atribuibles a una de estas dos razones y, a veces, a ambas simultáneamente. Más poderosa que una causa por la que matar, la nación es una causa por la que morir. *Dulce et decorum est pro patria mori.* E incluso cuando no se llega a la violencia, la defensa de los intereses o de la identidad nacionales determinan buena parte de las tensiones globales, en temas de migraciones, medio ambiente, comercio o la respuesta sanitaria y fiscal a una crisis como la pandemia del coronavirus. Todos los intentos de superar la perspectiva nacional, de dotar de capacidad de intervención a organismos supranacionales, ya sea la Unión Europea, la Organización de Naciones Unidas, la Organización Mundial de la Salud o el Tribunal Penal Internacional, que requieren para su funcionamiento eficaz algún grado de delegación de la soberanía, chocan con las fronteras mentales de la nación. El día en que anunció el cierre de pubs, clubs y restaurantes, Boris Johnson añadió que le sabía mal tener que quitarles a los ciudadanos británicos, amantes de la libertad, el derecho antiguo e inalienable a ir al *pub*, equiparando la libertad y el *pub* como singularidades nacionales. Los movimientos populistas que proliferan por el planeta se alimentan sobre todo de las pasiones, o los miedos, que despierta el nombre de la nación. Frente a todos los augurios de una era postnacional, se alza testarudamente la sólida pervivencia del hecho nacional.

Constato una obviedad y no pretendo, en el reducido espacio de este capítulo, abordar todas las facetas y la complejidad de la cuestión (como tampoco sobre las otras tratadas en este ensayo). Le dedico a esta forma de identidad una sección aparte, a continuación de la sucinta discusión acerca de otras inflexiones de la diferencia, por sus implicaciones específicas en la organización social y porque en este punto convergen varios de los temas anteriores: memoria colectiva, hibridación, globalización… La bibliografía es extensísima sobre los aspectos históricos, políticos, sociológicos, antropológicos, etnográficos, económicos, lingüísticos o literarios, pero a mí me interesa subrayar un único rasgo: el carácter eminentemente cultural de este potente constructo. Si nos faltaran razones para demostrar que la cultura importa, bastaría invocar la inagotable variedad de manifestaciones, emociones, discursos, acciones y producciones que el concepto de nación moviliza.

En una famosa conferencia de 1882, Ernest Renan se planteó la pregunta «¿Qué es una nación?» y llegó a la conclusión de que una nación moderna es el resultado histórico de una serie de hechos convergentes en los que pesa tanto lo que los individuos tienen en común como aquello que han olvidado, en particular, los actos de violencia y conquista que los unieron en los inicios. Renan descarta que el fundamento de la nación sea dinástico, étnico, lingüístico, religioso, geográfico o estratégico y la define así:

Una nación es un alma, un principio espiritual. Dos cosas que no forman sino una, a decir verdad, constituyen esta alma, este principio espiritual. Una está en el pasado, la otra en el presente. Una es la posesión en común de un rico legado de recuerdos; la otra es el consentimiento actual, el deseo de vivir juntos, la voluntad de continuar haciendo valer la herencia que se ha recibido indivisa.

Glorias o sufrimientos comunes en el pasado y voluntad común en el presente, solidaridad en el sufrir, disfrutar y esperar juntos son los ingredientes que conforman la nación.

Lo que Renan llama alma o principio espiritual es lo que hoy llamaríamos cultura. Esta definición combina una retórica antigua, lírica, con una concepción moderna de la soberanía, que abre la puerta a la emancipación de los pueblos colonizados que quieran ser naciones independientes. En el texto de Renan hay una flagrante falta de conciencia sobre la realidad colonial y la diversidad de poblaciones, porque está pensando en naciones europeas y en sociedades más homogéneas que las actuales. Sin embargo, su insistencia en el consentimiento, en «el deseo claramente expresado de continuar una vida en común», traduce la existencia de la nación a «un plebiscito cotidiano». Para Renan, «la voluntad de las naciones es, en definitiva, el único criterio legítimo, al que hemos siempre de volver», y no se puede imponer por la fuerza, porque, aunque defiende sus virtudes y considera que hay que ir con cuidado con las tentaciones de secesión, asume que las naciones no son eternas, tienen principio y final, e incluso profetiza que una confederación europea probablemente las sustituirá. Investigadores como Anthony D. Smith consideran que las raíces de la nación son étnicas, entendiendo, por supuesto, la etnia como una agrupación cultural y no racial, la confluencia alrededor de un repertorio de mitos, tradiciones y símbolos compartidos. Lo que ocurre es que fijarse en una supuesta cohesión étnica originaria, además de dar pie a que la nación sea poco hospitalaria con la diferencia, remite sus cimientos a épocas ancestrales, cuando la nación tal como la conocemos es un invento moderno, de finales del siglo XVIII. Anderson ha destacado, como una de las paradojas del nacionalismo, la modernidad objetiva de las naciones a ojos de los historiadores frente a su antigüedad subjetiva para los nacionalistas. No debería sorprendernos, porque la autoridad del mito reside en su aparente antigüedad y apunta a sus medios de legitimación que, como recordaba Renan, tienen poco que ver con la representación veraz de los acontecimientos históricos y mucho con la subjetividad: con lo olvidado tanto como con lo recordado. Para Anderson, el hecho nacional (*nation-ness*) y el nacionalismo son artefactos culturales de un tipo específico, y lo que hace falta para entender su funcionamiento es examinar el proceso histórico de su nacimiento y cómo ha cambiado su sentido con el tiempo, y a la vez detenernos en por qué gozan hoy en día de tan profunda «legitimidad emocional».

Nos movemos en el delicado terreno de los afectos. El nacionalismo tiene partidarios y detractores, pero goza de excelente salud, a pesar de los esfuerzos por superarlo, y está en alza en casi todas partes. Su éxito no se debe necesariamente a razones de conveniencia política ni ventaja económica, sino, en gran medida, a su capacidad para movilizar las emociones. De ahí que Anderson prefiera no tratar el nacionalismo como una ideología análoga al liberalismo o el fascismo, sino a la par que la religión o el parentesco. A los miembros de la nación no los une la vecindad, ni las creencias, ni el estatus social, ni siquiera, en muchos casos, la lengua. Cualesquiera que sean los sentimientos de los individuos acerca del concepto y los símbolos de la nación, los une un sentido de pertenencia vivido con mayor o menor grado de intensidad. La lealtad afectiva, a menudo no explícita y difusa, actúa como fuerza magnética.

La nación despierta actitudes ambivalentes, tiene luces y sombras, puede ser vista como motor de progreso y modernidad o como un atavismo reaccionario y excluyente, proclive a los levantamientos y los conflictos violentos, pero es el pilar indiscutible de la actividad social y económica, y hay que reconocer, con Anderson, que el hecho nacional es el principal criterio de legitimación política de nuestro tiempo. Contrasta, así, el dominio que ejerce la lógica nacional con la irracionalidad de los vínculos afectivos que la fundamentan, lo cual no hace sino poner de manifiesto el poder de los procesos culturales, porque el mecanismo de adhesión sólo se explica en clave cultural.

Hoy en día, la identidad nacional es la principal forma de identificación colectiva. Como otras categorías identitarias, se basa en la articulación de la diferencia. Permite distinguir entre los nuestros y los otros. Aunque la hegemonía de este modelo en particular sea relativamente reciente, el impulso gregario al que responde es ancestral y, en algunos aspectos, está genéticamente determinado. Podríamos decir que la nación es la encarnación moderna de la tribu. Las comunidades humanas se han agrupado siempre bajo un nombre o unos signos, como las banderas. Anderson explora cuáles son los lazos, ahora que los tribales no son operativos. En su definición—la nación como «comunidad política imaginada, e imaginada como inherentemente limitada y soberana»—, la dimensión política es tan relevante como la condición de imaginada. Se trata de una extensión de la polis, una forma de organización de la convivencia con funciones específicas y compromisos recíprocos pero, si bien cumple un papel político, no hay que confundir la adhesión que suscita con la constitución política y jurídica del Estado. ¿Cuál es el ensamblaje de la nación? ¿Cómo se construye y sustenta la identidad nacional?

Preguntarse cómo se imagina la nación supone examinar su lugar en el imaginario colectivo. Los procesos que lo configuran, los apoyos e instrumentos de los que se vale, las instituciones, prácticas, imágenes y discursos que lo afianzan. Si enlazamos la visión de Renan, a partir de la noción de consentimiento, con la de Anderson, estamos ante un sistema de autoidentificación basado en el consenso implícito alrededor de un relato y una memoria colectiva. A uno le toca, por nacimiento, accidente o circunstancia, una nación, pero su pertenencia depende, en última instancia, de una elección y un sentimiento. Uno pertenece porque siente que pertenece, porque quiere pertenecer. La voluntad y el deseo son el anclaje afectivo del vínculo comunitario. La tópica fórmula de los años del pujolismo, según la cual es catalán quien vive y trabaja en Cataluña, que aspiraba a ser inclusiva, olvidaba este componente, el querer ser. Para ser, no basta con estar. Al criterio electivo se opone por supuesto el fundamentalismo nativista, que ha triunfado, sorprendentemente, en un país de inmigrantes. A la vez, la adopción de posiciones nacionalistas por parte de muchos descendientes de inmigrantes confirma el factor voluntario.

La tendencia en algunos países, entre ellos España, a promocionar la nación como «marca» supone un deslizamiento conceptual que pretende traducir una identidad, sobre la que puede existir más o menos consenso interior, en un producto compacto y atractivo para consumo externo. De entrada, donde no hay consenso nacional no puede simularse mediante estrategias de mercadotecnia y un repertorio de estereotipos. La marca sirve para vender un producto, pero venderlo en el mercado doméstico es más difícil que exportarlo, porque no existe como tal fuera del entramado de diferencias que lo constituyen. Convertir la nación en objeto de consumo tergiversa los motivos de la adhesión de sus miembros, el lugar que ocupa en su imaginario. Quienes intentan promocionarla como marca confunden el legítimo orgullo nacional con las virtudes singulares del producto. Se dejan cegar por la parcialidad y la persuasión del mito autóctono, principal debilidad de cualquier nacionalismo. El atractivo de la nación no se debe a sus excelencias objetivas, a su hipotética cotización en un mercado internacional de valores nacionales, sino que es el resultado de la pertenencia. Y me refiero a la nación como tal, es decir, como comunidad imaginada, no como paisaje, clima, economía, desarrollo tecnológico, producción artística, estilo de vida o cualquiera de los componentes que se empaquetan bajo una marca.

El disputado problema sobre qué hay y qué cabe en el nombre de España es un ejemplo de las susceptibilidades que despierta el uso de un término, a falta de consenso sobre si se refiere a una nación, a un Estado o a una marca. No hace mucho nos reunimos un grupo de investigadores de procedencia diversa en un simposio sobre «España pluriliteraria» en la Universidad de Lund, en Suecia. Así de lejos fuimos para abordar el complejo tema de qué queremos decir cuando hablamos de literatura española, qué debe o no incluirse en una historia de la literatura española, o si el enfoque ha de ser la historia comparada de las literaturas ibéricas. A pesar de la distancia y el ambiente cordial, las discusiones fueron acaloradas y las posiciones contrapuestas. Lo que se puso, sin duda, de manifiesto es que el debate es tan político como literario e historiográfico. A los participantes ya nos constaba, y estaba presente en nuestras aportaciones, porque es un hecho sobradamente estudiado que la idea de literatura nacional y las historias nacionales de la literatura son invenciones puestas al servicio de procesos de construcción nacional. En el siglo XIX, y en el modelo universitario al que dio lugar, triunfó el paquete nación-lengua-literatura, es decir, la vinculación entre un marco de conocimiento institucionalizado y un proyecto político. Hoy en día, se estudia la literatura dividida por naciones y lenguas, como si fuera lo natural, cuando no se lo hubiera parecido a Petrarca o a Shakespeare, ni refleja la experiencia de ningún aficionado a la literatura: la traducción es el pasaporte que nos autoriza a atravesar cualquier frontera.

Por supuesto, la literatura continúa siendo un instrumento, por lo menos en potencia, para la cohesión nacional, pero también para cuestionarla. Ha perdido la hegemonía que tuvo, pero no del todo su capacidad de influencia, con gran disparidad de impacto según los contextos. Pascale Casanova, en *La République mondiale des Lettres*, expone un caso excepcional, el francés, de una sociedad que todavía se enorgullece de su cultura literaria, pero también para ciertas culturas minoritarias la literatura sigue ofreciendo un espacio de reivindicación identitaria. Si la comunidad se imagina a sí misma gracias a un relato sobre quién es y fue, la literatura aporta modelos y recursos para su producción, ejerciendo de repositorio (uno de los más activos y eficaces) de la memoria cultural. Recordemos la función que, durante siglos y en todos los continentes, en tradiciones orales y escritas, ha cumplido la épica como referente de una colectividad. Desde el *Poema de Gilgamesh*, la *Ilíada*, el *Majabhárata* y la *Eneida*, al *Heike monogatari*, la *Chanson de Roland*, *La Araucana* y *Os Lusíadas*, es larga la lista de epopeyas que han cautivado el imaginario colectivo. Los relatos de gestas heroicas, aun cuando carecen de base histórica y son pura fantasía, han servido de pilares de la identidad cultural. Es revelador que, en el mismo siglo en que el *Martín Fierro* de José Hernández aporta una épica nacional a Argentina y Jacint Verdaguer pretende hacer lo mismo para los catalanes con *Canigó*, se compiló el *Kalevala*, se publicó la primera transcripción de *Beowulf*, y las investigaciones de Ramón Menéndez Pidal sobre el *Cantar de Mio Cid* inauguran la filología española como disciplina. Otra épica distinta, el wéstern, ha jugado un papel semejante en la mitología fundacional y la formación de la mentalidad individualista americana (además de reforzar la afición a las armas).

Aunque la literatura ya no ocupe la posición influyente que tenía en el siglo XIX como herramienta de unificación, sigue participando en el procesamiento de la memoria colectiva, y en muchos países ha dado voz, en épocas de represión política o de imposición de una historia oficial tendenciosa, a experiencias silenciadas u olvidadas. Es el caso, por ejemplo, del libro de relatos *La acusación*, de Bandi, un pseudónimo bajo el que se oculta un escritor o escritora norcoreano, que narra la vida cotidiana bajo aquella dictadura. Escritores palestinos como Emile Habibi, que refleja la situación de sus compatriotas que han permanecido dentro del Estado de Israel, y Mahmoud Darwish, reconocido como poeta nacional, contribuyen a mantener viva la memoria y la identidad de una nación que ha perdido su anclaje territorial y que, para existir, depende de seguir siendo una comunidad imaginada por su gente. En otros casos, la literatura sirve para producir un relato nacional capaz de acoger la heterogeneidad, cuestionando las visiones monolíticas. Novelas como *Nação crioula* (*Nación criolla*), del angolano José Eduardo Agualusa, exploran la complejidad de las herencias culturales que configuran una identidad. Desde los márgenes, se subvierten las narrativas hegemónicas de la nación y se pone en evidencia que las fronteras de las sociedades contemporáneas son internas y fluidas.

La forma en que la literatura apuntala el relato nacional no se debe entender, sin embargo, sólo en términos de la historia que cuenta. El estatus de la literatura como un bien preciado del cual enorgullecerse sigue cumpliendo una función decisiva en los procesos más recientes de construcción nacional, repitiéndose, en las naciones surgidas de la caída del sistema soviético, dinámicas semejantes a las del postcolonialismo. La selección de un canon literario propio y la elaboración de historias de la literatura nacional son operaciones que conservan, en gran medida, las implicaciones políticas que tuvieron en el siglo XIX. Son instrumentos institucionales, con efectos en el sistema educativo, en la opinión pública y en la memoria cultural, útiles en lugares donde, en cierto modo, la tarea de construcción nacional del siglo XIX está incompleta.

La publicación de la *Historia de la literatura ucraniana* en doce volúmenes, emprendida por el Instituto de Literatura Shevchenko de la Academia Nacional de Ciencias de Ucrania, es una interesante muestra de los debates que todavía pueden provocar este tipo de proyectos. Desde que se anunció y tras la publicación de los tres primeros volúmenes en 2014, la discusión se centró en si sus premisas eran las de un nacionalismo cultural romántico, con la misión, explícita en el texto, de retratar «mil años de desarrollo histórico y espiritual del pueblo ucraniano», definido como comunidad etnocultural, o si acogía la heterogeneidad y se orientaba hacia un enfoque más acorde con los valores cívicos, inclusivos y multiculturales del Euromaidán. En juego está, como en otros contextos multilingües, determinar qué escritores se incluyen y en qué lenguas: ¿sólo los que escriben en ucraniano o también los que lo hacen en ruso, como Gógol o Andréi Kurkov? ¿Y en polaco, alemán o *yiddish*, como Sholem Aleijem (en cuyos cuentos se basó *El violinista en el tejado*)? ¿Cómo situar, en el relato nacional, a autores de origen ucraniano como Anna Ajmátova, Mijaíl Bulgákov e Isaak Bábel, perseguidos por el estalinismo, que no hicieron bandera de tal identidad? ¿Pueden ser reclamados por una historia de la literatura ucraniana quienes están en el canon de la rusa? En otras palabras, ¿a quién pertenece una historia literaria nacional?

La nación se narra a sí misma, y en este relato se delimita. Hay también una narración sobre cómo se ha producido esta autorrepresentación, una historia de las instituciones, agentes y discursos que contribuyen a este proceso, en el que nadie es neutral. La literatura y la historiografía son herramientas, como también lo son los museos, los medios de comunicación y la escuela. Según cómo se empleen, ayudan a levantar fronteras o a traspasarlas. Desde que Goethe habló de *Weltliteratur* para destacar la universalidad del fenómeno literario y la circulación internacional de los textos como una forma de diálogo que fomenta la comprensión entre los pueblos, plantando así la semilla de lo que sería la literatura comparada, el mercado literario se ha globalizado y el relato del otro es tan accesible como la propia literatura nacional. La literatura del mundo es la literatura, y lo extraño es parcelarla con fronteras. Es, además, anacrónico, porque aquella división respondía a otro mundo, menos comunicado, y a otra agenda política. Una de las ramas de la literatura comparada tradicional es la imagología, que se especializa en el estudio de la representación literaria del extranjero. Marius-François Guyard le dedicó un capítulo de su manual de introducción a la disciplina, titulado, sintomáticamente, «L'étranger tel qu'on le voit». Esta orientación, más propia de la historia intelectual que de los estudios literarios, no aspiraba a desvelar las raíces de la identidad, sino que tenía como objeto la circulación de los estereotipos nacionales y la construcción discursiva de la otredad. Así, da pie a reconocer lo que estas representaciones tienen de *lost in translation*, como demuestra la divertida novela de Ramón J. Sender, *La tesis de Nancy*, que riza el rizo de la parodia, caricaturizando a la extranjera que estereotipa a los españoles. La distorsión de la perspectiva es consecuencia de la mirada desde afuera, de un lado de la frontera al otro, de una literatura nacional a otra nación. La imagología desatiende la autorrepresentación, y por lo tanto la construcción discursiva de la identidad. Privilegia un punto de vista parcial y se ciñe a un aspecto del intercambio cultural que hoy es secundario, porque podemos fácilmente leer al otro y lo que dice de sí mismo. Esta disponibilidad no salva de la incomprensión intercultural ni de las limitaciones de la traducción, sino que plantea nuevos desafíos a la capacidad de la literatura para servir de canal de diálogo, como demuestran las polémicas acerca de los efectos de la globalización y de la noción de una *World Literature*, que ha venido a reemplazar el ideal de Goethe. Los vectores de comunicación atraviesan fronteras, las identidades viajan, poniendo en entredicho los modelos que se apoyaban en la distinción tajante entre lo autóctono y lo extranjero.

El límite de la nación invoca no simplemente la frontera, su límite territorial, sino el límite del concepto de nación, la frontera del concepto y el concepto de frontera, y hasta qué punto el concepto de nación puede dar cabida a las diferencias que pretende acoger y que regulan los intercambios culturales y políticos entre entidades e identidades. La noción de frontera remite tanto a la nación como a la identidad, partiendo de la base de que lo que diferencia y separa es aquello que une, lo compartido, lo que se es por oposición a lo que no se es. Dentro de España, el conflicto territorial apela a este tipo de sentimientos o autorrepresentaciones. La ilustración más evidente es la típica encuesta con varias opciones a la que se somete con frecuencia a la población catalana: ¿usted se siente más catalán que español, tan catalán como español, más español que catalán, sólo catalán, sólo español, no sabe/no contesta? No recuerdo que incluya la opción «ni una cosa ni la otra». Ni que se haga la encuesta en el resto de España preguntando: «¿Se siente usted más o menos español que europeo, francés, italiano, marroquí, filipino, paquistaní, guineano, peruano, etcétera?». La pregunta sólo se formula, como la distinción entre categorías raciales, cuando hay, socialmente, un límite que interesa trazar. Remite a una frontera virtual que nos acompaña a donde vayamos y que se activa relacionalmente, al marcar la diferencia.

Como veíamos, tanto Butler como Bhabha abogan por una concepción no esencialista de la identidad, basada en la performatividad. Cuando hablamos de identidad no hacemos otra cosa que activar un entramado de diferencias potenciales. Yo soy esto porque (o cuando, o en la medida en que) no soy lo otro. Y, como explica Derrida, esto significa que llevo siempre en mí el rastro, la *trace*, de aquello que no soy. Se nos invita a reconocer la imposibilidad de pensar desde fuera algo que está en uno, de situarse más allá de la diferencia sobre la que se articula una identidad. Desde ahí, la cultura no se ve como unitaria, ni siquiera como oposición dualista entre lo uno y lo otro, sino como un proceso de enunciación de carácter relacional que problematiza la posición del sujeto enunciador, puesto que pone en entredicho la posibilidad de hablar desde *fuera de* y nos sitúa siempre en el espacio fronterizo del *entre*.

Quizá, lo que necesitamos son modelos mentales que no se basen en el concepto de nación ni en las fronteras entre naciones sino en el concepto más complejo de cultura. Tal modelo no está determinado por los límites nacionales y no dibuja un mapa que separa lo autóctono de lo extranjero, el dentro del fuera, sino que reconoce la contingencia de tales posiciones, su carácter de constructos culturales, a la vez dentro y fuera. La visión desde la cultura permite atender a las inflexiones y las formas de heterogeneidad. Bhabha se hace eco de las palabras de Frantz Fanon: «La conciencia nacional, que no es nacionalismo, es la única cosa que nos dará una dimensión internacional», y de ella deduce que las naciones son encrucijadas de una nueva cultura transnacional en la cual el otro nunca está fuera ni más allá de nosotros, sino que emerge poderosamente cuando pensamos que estamos hablando *entre nosotros*. En este *entre* está el lugar de la enunciación de la diferencia y de la relación.

13
POR UNA ÉTICA COSMOPOLITA

Ἐρωτηθεὶς πόθεν εἴη, «Κοσμοπολίτης» ἔφη.

[Al preguntarle de dónde era, respondió: «Ciudadano del mundo»].

DIÓGENES DE SINOPE,
en *Vidas de los filósofos ilustres*

El auge de los nacionalismos y la pervivencia de la nación como criterio articulador de la convivencia contrastan con la complejidad de los vínculos transnacionales, a la cual se le suma la heterogeneidad interna de las sociedades globalizadas, hechas de experiencias diaspóricas, migraciones y exilios, identidades híbridas y adscripciones culturales múltiples y fluidas. Hemos dejado atrás el tiempo de las certezas y las comunidades compactas y puras, si alguna vez las hubo. Mi vecino ya no es necesariamente alguien de mi misma tribu. La sociedad—en especial la sociedad urbana, pero no exclusivamente—es un mosaico de colores, de orígenes, de lenguas, de religiones. Un mosaico en el cual las piezas no siempre encajan con facilidad, porque no son todas cuadradas. Se parece más a la técnica del *trencadís*, inventada por Gaudí y aplicada por Jujol, que decora múltiples construcciones del modernismo catalán. La comparación es pertinente porque el uso de baldosas y piezas de cerámica rotas evoca las causas, a menudo traumáticas, de tantos desplazamientos de población, la fractura de sus comunidades de origen. Sin embargo, los motivos son diversos y muchas deslocalizaciones se deben a la globalización de la economía y de las oportunidades profesionales y educativas. Las ciudades son imanes que atraen a los pobres y a los ricos, a los desesperados y a los privilegiados. Expatriado y emigrante, exiliado y refugiado, son términos que acostumbran a usarse para designar condiciones distintas, una gradación en la libertad de elección. El talento que viaja, científicos y artistas, los jubilados que buscan el sol, los comerciantes e inversores, pertenecen a clases separadas de quienes huyen de la guerra o del hambre, pero todos contribuyen por igual a la policromía del mosaico. Muchos hemos sido, en etapas más o menos largas de nuestras vidas, ese vecino extranjero, adaptándonos al código cultural dominante mientras conservábamos, en privado y en familia, usos y costumbres del entorno de origen y una mentalidad que nos acompañó en el viaje. Incluso si estamos de acuerdo en que esta diversidad enriquece la sociedad (y hay muchos que disienten), no está exenta de fricciones. Hay quienes la ven como una amenaza para la identidad nacional, otros cultivan y explotan el temor a la diferencia y convierten al otro en cabeza de turco de todos los males. ¿Y, cuando vamos más allá de la pigmentación de la piel o el lugar de nacimiento, en qué consiste la otredad del otro, cuál es esta diferencia que nos separa, qué es lo que no compartimos, sino la cultura?

Se habla mucho de la utilidad de la cultura como instrumento de cohesión social, pero no siempre queda claro qué significa. Es cierto que la cultura sirve para aglutinar a la comunidad alrededor de unos repertorios de relatos, costumbres, valores, prácticas, símbolos e instituciones compartidos. ¿Qué ocurre, sin embargo, cuando se convive pero no se comparten los repertorios culturales? Una forma de entender la cohesión pasa por la adopción del repertorio dominante, es decir, que se traduce en una estrategia de asimilación. La exposición de los recién llegados a la cultura de acogida ha de facilitar su integración, mejorar su competencia en las prácticas y expectativas entre las que se habrá de desenvolver. La educación, la televisión, el trabajo, el asociacionismo y las entidades de apoyo son campos de entrenamiento. Así, los miembros de grupos minoritarios aprenden a manejar el repertorio dominante. Los habitantes autóctonos, miembros de la comunidad cuyo repertorio rige la convivencia, no necesitan conocer las tradiciones, costumbres y relatos de sus vecinos. *Nos ancêtres les Gaulois* ('Nuestros ancestros, los galos'), la tan cuestionada expresión que replicaban los libros escolares franceses en las colonias—parodiada en una canción, *Faut rigoler*, de Boris Vian y Henri Salvador, a quien le hizo gracia oírsela a un maestro suyo en las Antillas—ejemplifica la imposición de una falsa memoria colectiva.

Otra manera de entender la cohesión social es como el resultado del diálogo, de un intercambio respetuoso del que se deriva un pacto cívico. En lugar de obligarse a compartir un acervo cultural, el objetivo sería entenderse. Porque no deja de ser sorprendente que viajemos como turistas a descubrir países remotos y supuestamente exóticos, consumamos películas y novelas de importación, y sepamos tan poco sobre el horizonte cultural de nuestros vecinos. La ley de las interacciones culturales dice que los repertorios se pueden enriquecer y renovar mediante la incorporación de opciones de las que no disponían y que vienen de fuera. Entre ellas, opciones para la resolución de conflictos a través de la comprensión mutua.

El mundo ha cambiado, se ha expandido y comprimido a la vez. No sólo las personas, sino también las prácticas culturales viajan. Algunos localismos se globalizan y los globalismos se localizan. El panorama se diversifica y se complica en una creciente hibridación. Sin embargo, seguimos aferrados al criterio nacional de inclusión y exclusión. Estamos abocados a vivir en un mundo de extraños, nos recuerda Kwame Anthony Appiah, y esta nueva realidad pide aprender nuevas estrategias de relación. Para Appiah, la respuesta está en el cosmopolitismo entendido como actitud ética. Él se remonta al sentido que Diógenes da a *kosmou polites* para argumentar que es cosmopolita quien se preocupa por el bienestar de todos los seres humanos, tanto los que pertenecen a su comunidad como los extraños, desde el respeto a las diferencias, sin aspirar a un único gobierno global. Estos tres principios—no a un gobierno único, que importe el destino de todo ser humano y el diálogo desde la diversidad—se resumen en dos ideas básicas fácilmente reconocibles: universalidad más diferencia. Aunque Appiah invoca antecedentes remotos, los cínicos y los estoicos, porque le interesa destacar una tradición de cosmopolitismo cristiano que empalma con el pensamiento helenístico a través de Saulo de Tarso, se trata, ni más ni menos, que del viejo ideal ilustrado que dio pie al reconocimiento de los derechos humanos. Una universalidad en la que es compatible la cultura como fenómeno común, que nos hace humanos, con la visión herderiana de la pluralidad de las culturas.

Éste es el significado grave del cosmopolitismo como responsabilidad, que no hay que confundir con la acepción frívola y glamurosa: el trotamundos políglota y sofisticado del cuerpo diplomático, las empresas multinacionales o las películas de espías. Nadie menos cosmopolita, en este sentido, que James Bond, el supuesto hombre de mundo impermeable a las culturas que visita para cargarse a gente en defensa de intereses geoestratégicos nacionales, al servicio de Su Majestad. No se trata simplemente de que la globalización haya facilitado la circulación de personas, bienes, capitales e información, sino de que ha aumentado nuestro conocimiento de la vida de los otros y la capacidad de afectarla en una escala inconcebible para Diógenes y hasta para Alejandro de Macedonia. En consecuencia, este conocimiento y esta capacidad nos comprometen. El cosmopolitismo no es, por lo tanto, un privilegio de una elite sino una responsabilidad ética que apela a todos.

El término *cosmopolita* tiene mala prensa entre los nacionalistas. Se ha esgrimido a menudo en debates ideológicos con sentido peyorativo para denotar deslealtad a la nación, falta de patriotismo y de raíces. Las connotaciones no son inocentes: era una acusación que los nazis lanzaban contra los judíos y se convirtió en un eufemismo con resonancias antisemitas. Appiah contrarresta estos ataques defendiendo lo que denomina un cosmopolitismo enraizado (*rooted*) y la figura del patriota cosmopolita. Pretende superar la dicotomía entre cosmopolitismo y lealtad nacional. Explica que todo el mundo pertenece a algún sitio y que los sentimientos de pertenencia, la adhesión a la comunidad próxima, no impiden que nos concierna lo que le ocurre al resto del género humano. La identidad nacional y el cosmopolitismo no se oponen. De hecho, cabe argumentar que se complementan y que ese impulso ético que Appiah llama cosmopolitismo es la manera de practicar una identidad no excluyente y derribar los muros del etnocentrismo.

La propuesta de Appiah tiene unos cuantos aspectos debatibles. Su dependencia de fuentes de inspiración religiosa la distancia de la tradición estrictamente ilustrada, enmarcándola en un humanismo cristiano, mientras que su apelación al patriotismo no está exenta de matices problemáticos que convendría desbrozar. No es sencillo conciliar dos conceptos como los del patriotismo y el cosmopolitismo, que movilizan afectos de signo tan dispar. No es este el lugar, sin embargo, para discutir los aspectos éticos de las reflexiones de Appiah, ni su compatibilidad con contextos particulares. Él habla de patriotismo para reivindicar un legado paterno. Aun sin acudir al término patriotismo, cuesta poco asumir que uno puede estar orgulloso de sus orígenes, de su lengua y su cultura, sentirse vinculado a un país, sea o no el de su nacimiento, y que a la vez le importe el bienestar de otros seres humanos con quienes no comparte ninguno de estos factores de identificación, aunque no necesariamente estén lejos, sino que puede que vivan en la puerta de al lado.

En el marco de un ensayo como éste, que busca demostrar la relevancia social de la cultura abordando cuestiones como la memoria, la identidad, la globalización o la hibridación, la dimensión ética del cosmopolitismo ilustra los efectos cotidianos, en la vida cívica, de la relación entre individuos y grupos cuyos repertorios culturales difieren. Sirve para constatar que la cultura nos proporciona las herramientas para entender y negociar la diferencia. Sin la conciencia de las diferencias culturales y el compromiso con su aceptación, no es posible la conversación, la convivencia, la gestión de los conflictos, ni la cooperación en la resolución de los problemas que afectan al conjunto del género humano y al planeta. Lo llamemos o no cosmopolitismo, esta tesitura ética es la condición de la supervivencia en la era de la globalización. Es inconcebible el futuro encerrados dentro de fronteras, cautivos de nuestras diferencias. Sin ser tan apocalíptico como Slavoj Žižek, que predice el regreso de las guerras si se restablecen las fronteras europeas, acabamos de aprender de una pandemia que, incluso en el aislamiento, nuestros intereses, necesidades y recursos están interconectados. Como tampoco nos llevaría a buen puerto

POR UNA ÉTICA COSMOPOLITA

la modalidad opuesta de anticosmopolitismo, que también preocupa a Appiah, el universalismo que niega las diferencias, las persigue y las quiere erradicar, como ocurre con el fundamentalismo islámico globalizado. La solución a los problemas de carácter cultural pasa por la cultura. Hay también problemas económicos, ecológicos, sanitarios, criminales, políticos, y la respuesta a casi todos ellos depende de factores culturales. La conversación entre culturas es un valor fundamental de la ética cosmopolita que Appiah reivindica, porque de este intercambio nos beneficiamos todos. Por esta vía conocemos al otro, nos acercamos, y aquí la literatura, el cine, el arte y la música tiene un papel decisivo, pero además aprendemos unos de otros, nos prestamos mutuamente ideas, prácticas y modelos. Nuevos recursos para enfrentarnos a nuevos desafíos. Ante cualquier crisis, la salida quizá se encuentre en opciones de las que no disponemos pero que nos puede ofrecer o sugerir un repertorio ajeno. ¿Cómo cambiar el mundo, cómo ampliar nuestro imaginario y el horizonte de lo posible sin abrirnos a las aportaciones de los extraños, de los que ahora son nuestros vecinos y de quienes nos hablan desde lejos? Aceptamos su trabajo, compramos sus productos, comemos su comida, ¿por qué no íbamos a preguntarnos por su cultura? Hemos hablado de hibridación y de los riesgos de la globalización para la preservación de las particularidades distintivas, pero, por otro lado, esta conversación polifónica nos invita a imaginar la ascensión de una cultura común o, por lo menos, de una cultura con valores compartidos, que ponga de relieve las alianzas sin renunciar a las diferencias.

14
¿QUÉ TIENEN EN COMÚN LA CULTURA Y LA POLÍTICA?

> Las artes no prestan nunca a las empresas de la dominación o de la emancipación más de lo que ellas pueden prestarles, es decir, simplemente lo que tienen en común con ellas: posiciones y movimientos de cuerpos, funciones de la palabra, reparticiones de lo visible y de lo invisible.
>
> JACQUES RANCIÈRE,
> *El reparto de lo sensible*

Basta con recordar la muerte del chileno Víctor Jara hace cerca de cincuenta años, el encarcelamiento de dos miembros del grupo Pussy Riot en una colonia penal rusa, la detención de Ai Weiwei durante ochenta y un días, sin cargos, en China, la condena a seis años de cárcel y la prohibición de filmar durante veinte años a Jafar Panahi en Irán, o la lista de los doscientos veinte escritores perseguidos en el mundo en 2020, según el informe del PEN Internacional, para acreditar el potencial político de la cultura, avalado por gobiernos represores. Si la producción artística no tuviera impacto social, no haría falta censurar y reprimir. Incluso en los regímenes autoritarios, artistas, escritores, cantantes y directores de cine se toparían con una muralla de indiferencia. No podemos pretender que estos indicios de que la cultura incomoda sean, por sí mismos, suficientes para sostener que tiene la capacidad de hacer la revolución, movilizar a las masas y cambiar el mundo. Al fin y al cabo, Michael Moore no consiguió impedir, con *Fah-*

renheit 11/9, que George W. Bush fuera reelegido, aunque eso no niega que la película constituya un gesto de intervención política que interpela al espectador. Lo que se emite por la televisión o circula en las redes sociales influye más en la opinión pública que lo publicado en un libro o expuesto en un museo. Es una obviedad y no hay que hacerse ilusiones acerca del efecto inmediato.

 W. H. Auden lo expresó con claridad demoledora: «*For poetry makes nothing happen*» ('Pues la poesía no hace que ocurra nada'). Sin embargo, esta afirmación aparentemente desesperanzada no está exenta de matices y promesas. La falta de una relación de causalidad, el que la poesía no haga que nada concreto en el mundo suceda, como si fuera un conjuro mágico, no significa que no haga nada. Auden mismo dice, unos versos más abajo, que la poesía misma es una forma de acontecer, un suceso en el mundo. Un acto que no tiene por qué obedecer a ninguna función utilitaria. De ahí se deriva su libertad, que la hace irreductible y molesta para el poder. No es una medicina que obre milagros ni salve al mundo y, si es un arma, está cargada de futuro. No tiene por qué dar en el blanco del inmediato presente. Se da, así, la paradoja de constatar cómo algo que no hace nada puede tener un impacto. Woody Guthrie tenía, en una de sus guitarras, una etiqueta que decía «Esta máquina mata fascistas». Era una metáfora, pero sin duda su canción «This Land Is Your Land» ha inspirado a varias generaciones de activistas.

 He querido exponer en este ensayo que los conflictos más complejos y acuciantes están determinados por factores culturales y, por eso mismo, tiene escaso sentido relegar a un lugar subsidiario aquello que nos hace ser lo que somos y quienes somos. He conjugado para ello la definición expandida de cultura, antropológica, y la restringida, que se refiere a las artes y otras formas de producción cultural, deslizándome a veces entre ambas acepciones, con el objetivo de resaltar que no están tan separadas como se presume. No se explora lo suficiente la conexión entre las dos definiciones. Se abordan desde perspectivas y disciplinas distintas, para llegar a la conclusión de que, por un lado, cultura es todo y, por el otro, es muy poco, un espacio prestigiado pero que importa a una minoría. Y sobre los humanistas y otros agentes culturales recae el empeño de defender el valor de aquello que engloba la definición restringida, cuando, al poner ambos enfoques en relación, queda en evidencia que tanto las artes como el entretenimiento de masas cumplen una función decisiva en la construcción de imaginarios colectivos y de repertorios de opciones de vida.

Este aspecto del debate adquiere una significación especial en el momento en que se aborda la relación entre cultura y política, y, sobre todo, si nos preguntamos qué capacidad de incidencia política tienen las artes. Está claro que la política influye en la cultura, pero ¿y al revés? La cuestión es particularmente pertinente en una época en que la mayor parte de la producción de arte contemporáneo proclama que es política. Es una declaración que vale la pena examinar, sobre todo cuando, periódicamente, aparecen indicios de una desconexión entre la pretensión de los creadores y la percepción social. Cuando toca repartir los recursos del sector público en situaciones de crisis o cuando los intereses de una institución cultural entran en colisión con los de un equipamiento sanitario o educativo, se priorizan las necesidades imperiosas porque la inversión en cultura es vista como un gasto suntuario que beneficia a unos pocos. Esto significa que la mayoría de la población no ve la institución cultural ni su actividad como algo suyo, que beneficia a todos, como la escuela o el hospital. Ve la cultura como patrimonio de otros. Por algo será. Y, en tales condiciones, difícilmente puede el arte ser políticamente relevante.

Cada vez que hay elecciones, se alzan voces quejándose de que la cultura está desatendida en los programas y los debates de los partidos políticos, pero no es sorprendente si lo observamos como un síntoma más de esta desconexión. No se trata de que el tema no les importe suficientemente a los políticos, sino que éstos entienden que no les importa a sus votantes: la cultura no hace ganar votos más que entre los que viven de ella, o no dejarían de ocuparse del tema. Cuesta que los ciudadanos y los políticos comprendan que todos vivimos de ella, que no podemos vivir sin ella. Se habla constantemente en este tipo de polémicas, sobre todo cuando algún ministro del ramo dice alguna barbaridad o agravia a sectores profesionales, del mundo de la cultura, de las demandas del mundo de la cultura, de la necesidad de hablar con los interlocutores del mundo de la cultura, de la crisis del mundo de la cultura, sin caer en la cuenta de que esta escisión entre los que están dentro y los que están fuera de este supuesto mundo perjudica el reconocimiento del papel de la cultura en la sociedad. Sin entender que el mundo de la cultura es el mundo, porque la cultura es de todos.

Es imprescindible reconducir la conversación pública sobre estas cuestiones, cambiar de lenguaje y de vocabulario. El título de este capítulo anuncia la voluntad de enfocar la discusión desde el concepto de lo común, es decir, no sólo de qué relación tienen y qué comparten cultura y política, sino de cómo ambas constituyen sistemas de articulación de lo común. La cultura y la política comparten el espacio de lo común en cuanto formas de interacción social, de organizar la relación con el entorno y con los demás, y de darle sentido. En otras palabras, tienen en común lo común. A la vez, paradójicamente, son percibidas como dos ámbitos distantes y hasta desconectados, en la medida en que la cultura es reducida a distracción y entretenimiento, ajena a los debates que importan a la polis. En este sentido, no tienen nada en común. Lo cual permite hablar del mundo de la cultura y del de la política por separado, desactivando en ese mismo gesto cualquier poder de intervención política de la cultura. Aceptar la discusión en estos términos, que se apoyan en una concepción restringida sobre qué es y qué hace la cultura, perjudica a las instituciones, a la industria, a los creadores y a otros profesionales. Es más, perjudica sobre todo a la comunidad, que no se reconoce a sí misma como actor cultural. Es una posición frágil, que relega la cultura al ámbito de la irrelevancia y obliga a emplear en su defensa razones equivocadas, porque se la despolitiza y, en consecuencia, se minimiza su impacto social. Como dice Michel de Certeau: «La expresión *política cultural* camufla la coherencia que enlaza una cultura *despolitizada* con una política *desculturizada*» (*La cultura en plural*). En cambio, él considera que la política cultural es la totalidad más o menos coherente de objetivos, medios y acciones que pretenden modificar la conducta, de acuerdo con principios o criterios explícitos. Algo que tiene una aplicación del todo práctica.

Asimismo, para Marina Garcés, «la cultura es hoy el instrumento que ofrece una experiencia despolitizada de la libertad y de la participación» (*Un mundo común*). Como en otras prácticas, la forma prioritaria de participación es el consumo, ser convocado, adquirir y asistir, y la libertad se reduce a elegir qué consumir. Así es fácil relegar la cultura a mero entretenimiento e instalarse en regateos acerca de la gestión de los recursos, sin entrar en la consideración de los porqués. Se debate mucho sobre las políticas culturales, pero no sobre la política de la cultura, confundiendo dos cuestiones bien diferentes (mientras el inglés distingue entre *policy* y *politics*). Según Garcés, «una política cultural verdadera debe hoy poner en cuestión la idea misma que tenemos de la cultura y sus formas de representación». Pretender que existe un consenso sobre qué entendemos por cultura, que es la estrategia habitual en las reivindicaciones corporativas y gremiales, supone neutralizar las desavenencias y silenciar la dimensión polémica de la cultura, lo que tiene de crítica, de desacuerdo y de conflicto, sin lo cual deviene irrelevante en el espacio político.

Las reflexiones de Garcés en *Un mundo común* aportan un marco conceptual para examinar lo que política y cultura tienen en común y de común. Plantea el problema en términos que vale la pena transcribir literalmente:

Cuando la cultura se ha convertido en el principal instrumento del capitalismo avanzado, ¿tiene sentido plantear la necesidad de una nueva relación entre política y cultura? Podemos argumentar que sí, siempre que violentemos el sentido mismo de estas dos palabras, llevándolas más allá de la gestión cultural, pública o privada, que administra bienes y productos considerados culturales. Esto significa hacer posible la expresión autónoma a través de la cual una sociedad puede pensarse a sí misma. La cultura no es un producto a vender ni un patrimonio a defender. Es una actividad viva, plural y conflictiva con la que hombres y mujeres damos sentido al mundo que compartimos y nos implicamos en él. Por eso una relación entre política y cultura sólo puede apuntar hacia la necesidad de «desapropiar la cultura» para hacer posible otra experiencia del nosotros.

La cita contiene los elementos necesarios para resituar el debate a partir de la redefinición de los términos en relación, violentando no tanto su sentido como su uso espurio, que privilegia el acercamiento utilitarista y la rentabilidad, el punto de vista del gestor, en lugar de valorar la capacidad de la política y la cultura para cambiar el mundo. La declaración de que la cultura no es un producto ni un patrimonio puede ser contestada argumentando que no es sólo un producto o un patrimonio, pero que también es eso. Sin embargo, este matiz es ya una toma de partido, pone de manifiesto el reduccionismo, la cosificación y la mercantilización a la que se someten las dinámicas colectivas en la sociedad de consumo. La cultura no se resume en sus componentes porque es una forma de interacción y de actuación en el mundo, no una colección de objetos. Sería como decir que la guerra son las armas y las fortificaciones.

El medio por el que una sociedad se piensa a sí misma no es nunca de naturaleza pasiva ni neutral, porque es inseparable de cómo se organiza y de cómo organiza lo que Jacques Rancière denomina «el reparto de lo sensible». De cómo articula su relación con el mundo y entre los miembros de la comunidad. Eso es lo que hace la cultura y esta función es de todos, no puede ser usurpada por ningún sector especializado. No es monopolio de creadores, intérpretes, gestores, críticos, comisarios o directores de museos. Cuando, en los debates sobre políticas culturales, se insiste en que la cultura no la hacen los políticos sino los ciudadanos (un mantra muy repetido) no hay que entender sólo que los agentes del sector son ciudadanos ni que cualquier ciudadano puede adquirir el estatus de artista, sino que la cultura es algo que hacemos entre todos, como la política es algo que hacemos entre todos y no algo de lo que son responsables un puñado de profesionales. Garcés explica que desapropiar la cultura significa arrancarla del «mundo de la cultura», sacarla del sistema de marcas que acreditan la autoría o la procedencia, de la división entre disciplinas artísticas y entre roles de los distintos agentes, y del inventario de locales e instituciones donde se supone que tiene lugar la experiencia cultural, es decir, de todo aquello que dibuja el mapa de lo que se conoce como el mundo de la cultura. Situar la relación entre política y cultura al margen de «una idea administrada y sectorializada de la cultura», lejos de ser una parcela de las políticas públicas y la economía. La condición para el encuentro entre cultura y política que propone Garcés, «para redefinir, simultáneamente, los lugares de lo político y de lo cultural», es que se dé en el espacio del nosotros. Este lugar común es el que Rancière identifica con la acción política y la creación artística como prácticas que reconfiguran el reparto de lo sensible. En el pensamiento de Rancière, el reparto de lo sensible se refiere a cómo percibimos el mundo y cómo nos lo representamos, a qué es lo visible y lo invisible, qué se puede o no decir sobre él, y revela, además, quién tiene el poder de decidir e intervenir en este reparto, es decir, quién está autorizado a participar en lo que la comunidad comparte. Esta capacidad de configuración del espacio y el tiempo, de la visibilidad y el discurso, es algo que tienen en común la política y la cultura: dar forma a nuevos mundos comunes. Los surrealistas lo dijeron de otra manera: no se puede cambiar el mundo sin cambiar la forma de representarlo.

El modelo conceptual de Rancière ha contribuido a resucitar el debate acerca de la acción política en el campo artístico. Según él:

La proliferación de voces que denuncian la crisis del arte o su captación fatal por el discurso, la generalización del espectáculo o la muerte de la imagen, indican suficientemente que el terreno estético es hoy aquél donde se continúa una batalla que ayer remitía a las promesas de la emancipación y las ilusiones y desilusiones de la historia [*Le Partage du sensible*].

Hacía falta un trasfondo teórico mediante el cual contrastar las aspiraciones de acción política proclamadas desde las prácticas artísticas, y que además fuera más allá de la noción sartreana de compromiso. Usar como criterio el compromiso político del artista o intelectual supone hacer depender la incidencia política de la intencionalidad, que no repercute necesariamente en los efectos. Según esto, la relación con la política estaría restringida a las prácticas culturales con voluntad de activismo. El resto sería políticamente neutro. A la vez, medir el compromiso de un núcleo de actores acreditados para intervenir en el espacio de lo común, como los intelectuales públicos, niega implícitamente esta capacidad al resto de la comunidad.

Rancière, en cambio, resitúa el problema en la propia función de la actividad artística y de la política. No se limita a observar la cultura en clave antropológica, sino que aborda de lleno la dimensión estética. Tanto si habla de artes visuales como de literatura, de teatro o de cine, atiende a su especificidad como prácticas estéticas y busca en ellas su relieve político. Cuando emplea, por ejemplo, la expresión «política de la literatura», significa que la literatura interviene en este reparto de lo sensible, en la relación entre prácticas y formas de visibilidad y modos de decir. En la medida en que la literatura y las artes tienen un poder de significar y ofrecer visiones del mundo, modifican nuestra percepción de la realidad y el sentido que le damos, introducen una relación diferente entre palabras, imágenes y cosas, haciendo imaginable un mundo común diferente y una colectividad diferente.

Concebir otro horizonte de lo posible es un proceso al que todos estamos invitados, y por ello es necesario superar la distinción de roles, no reservar el papel activo a unos sectores privilegiados. La experiencia estética no es una propiedad que los artistas transfieren, en una transacción con o sin intermediarios, a un consumidor pasivo. Es una actividad que involucra a todos los participantes. La política se acostumbra a asociar a la acción, mientras que el lector y el espectador quedan relegados a la posición de receptores. Rancière desmonta este esquema y sostiene que la emancipación empieza cuando cuestionamos la oposición entre ver y actuar, cuando entendemos que esta división de papeles forma parte del propio sistema de dominación y que el espectador actúa cuando observa, selecciona, compara e interpreta, confirmando o transformando, así, esta distribución de posiciones que le asigna un determinado papel (*El espectador emancipado*).

Podríamos decir, parafraseando a Rancière, que la cultura hace política simplemente por ser cultura. Él usa esta formulación para hablar de la política de la literatura y sostiene que la literatura como tal, en cuanto arte de la escritura (no sólo la literatura activista o comprometida), tiene la capacidad de intervenir en el reparto de lo sensible (*Política de la literatura*), pero podemos hacer extensivo este planteamiento a cualquier actividad cultural. La relación entre cultura y política se puede enfocar desde lo que De Certeau llamaba «la inflexión neutra de la cultura», su condición de conjunto blando e indiferenciado a donde van a parar todos los problemas que la sociedad deja de lado porque es incapaz de asimilarlos, en cuyo caso su función política sería, extrañamente, borrar los problemas políticos, desactivar los conflictos. O, por el contrario, podemos entender la cultura como actividad intrínsecamente política. Es el sistema mediante el que se construyen, expresan, organizan y negocian diferencias, identidades, relatos, conflictos y formas de convivencia. Reconcilia los desajustes entre el ser humano y el mundo, modula el horizonte de lo posible y nos invita a enunciar anhelos utópicos. Nos sirve para entender y, en consecuencia, para cambiar. Es el terreno donde nos lo jugamos todo.

15
LO QUE ESTÁ EN JUEGO

> *It is difficult*
> *to get the news from poems*
> *yet men die miserably every day*
> *for lack*
> *of what is found there.*
>
> [Es difícil | obtener noticias de un poema | aun cuando hoy muchos mueren miserablemente | por carecer | de lo que ahí se encuentra].
>
> WILLIAM CARLOS WILLIAMS,
> *Asphodel, That Greeny Flower*

A lo largo de este ensayo he insistido en la necesidad de no contraponer la definición amplia, antropológica, de cultura a su acepción restringida, que nombra la producción artística e intelectual y, según quien la use, llega a abarcar la cultura de masas y la popular. Ambas definiciones están conectadas, no se entiende una cultura como forma de vida y de organización social separada de los sistemas que alimentan sus tradiciones, su repertorio simbólico, su imaginario político y su memoria colectiva, entre otros muchos factores. Música, canciones, bailes, rituales y festejos operan a la par que relatos y poemas, lo que se ve en un escenario, en un museo o en una pantalla. Son parte inherente de la configuración de la mentalidad y la actuación de un grupo humano. Es lo que llamamos cultura, a falta de mejor nombre para decir tantas cosas distintas. En estos escuetos capítulos, hemos recorrido el lugar que la cultura, en sus diferentes formas y manifestaciones, ocupa en nuestras vidas. Puede que no haya cubierto todas sus funciones, pero espero que sí las más significativas.

Este ensayo puede leerse como una reflexión teórica más o menos intemporal, planteada como un diálogo con algunos textos de referencia en el campo, o como la respuesta a una situación de emergencia, o de sucesivas emergencias. En este segundo sentido, es un ensayo militante. La reflexión teórica está al servicio del compromiso con la defensa de la cultura, que en este momento lo necesita más que nunca, atacada por diversos frentes, y por lo tanto tiene algo de propaganda o de pedagogía. Porque, como profesor, no conozco forma más eficaz de militancia que la educación. He intentado huir de la repetición de los clásicos argumentos nostálgicos, que reivindican la cultura invocando valores elevados que se refieren sólo a la parte más selecta de la producción y en los que nos reconocemos los ya adictos, pero que no reflejan plenamente las razones por las cuales su relevancia social involucra a todos los ciudadanos, por qué es un bien común de primera necesidad, que forma parte indisoluble de la vida de todos, como el aire que respiramos.

Esta argumentación me ha obligado a apartarme de los debates coyunturales y del apremiante contexto de emergencia para concentrarme en resituar los términos de la discusión, para cambiar el lenguaje y el vocabulario de manera que podamos llegar al fondo de la cuestión, aun a costa de complicarnos la vida. Dejemos de hablar del valor de la cultura como motor económico e instrumento de cohesión social o, por lo menos, pongámoslo en segundo plano. Me temo que aceptar la lógica dominante en las polémicas sobre política cultural perjudica a la cultura porque es una lógica ajena, propia de la economía de mercado o de la gestión de las políticas públicas, que no se ajusta, por bienintencionada que sea, a lo que es y lo que hace la cultura. Nada tiene de sencillo la existencia humana. Ésta es la primera lección de cualquier repaso a la historia de las ideas y de las civilizaciones. Manejar razonamientos claros y simples para explicar el mecanismo que nos ayuda a explorar los misterios de la existencia y a articular la relación con nuestro entorno supondría traicionarlo—como seguro que he hecho yo a lo largo de estas páginas—.

Uno de los valores fundamentales de la cultura es que introduce complejidad en nuestra vida, nos dota de recursos para comprender mejor lo que ocurre a nuestro alrededor y nos hace más capaces de responder con instrumentos complejos a la complejidad de la existencia. No está garantizado que por ello seamos más felices ni mejores personas, porque la cultura puede ser edificante o perturbadora. Puede servir para generar imaginarios de consenso que cohesionen una comunidad o ser un espacio de debate, enfrentamiento o subversión. Según cómo se lea, el lema de la campaña para protestar contra las restricciones a las actividades culturales por la pandemia, «Cultura Segura», le hacía un flaco favor a la cultura. No garantiza seguridad alguna, sino que puede ser peligrosa, desestabiliza e inquieta.

Frente a quienes opinan que la cultura no sirve para nada, o por lo menos para nada importante, toca insistir en que su impotencia, cuando se da, es resultado de impedirle obedecer a sus propias dinámicas. Es una caja de herramientas que puede servir, entre otras muchas cosas, para cimentar una ideología o para estimular el pensamiento crítico. La sociedad necesita espejos tanto para representar sus consensos como sus disensos, aunque la cultura no es sólo un espejo sino una forma de actuación, de relación con el entorno y de transformación. Esta dimensión política, que ya los griegos entendían cuando convirtieron la tragedia en una escuela de ciudadanía, es una de las razones de la relevancia social de la cultura. Si se desactiva esta función, corre el riesgo de la irrelevancia, de no importar.

Me preocupa cuando oigo decir que la cultura no tendría que verse afectada por los cambios políticos, porque esto querría decir que es impermeable a la realidad que la rodea, que pervive el tópico de la torre de marfil desconectada de las cosas que afectan a los ciudadanos. Como si la ideología no tuviera nada que ver con cómo se administra la cultura, cuando éste es un territorio determinante para la ideología, puesto que está en juego ni más ni menos que la visión del mundo. Incluso la propia definición de cultura es ideológica. Sería contradictorio pedir de los responsables políticos y la sociedad un compromiso en defensa de la cultura y apoyo en forma de recursos públicos si la cultura fuera socialmente irrelevante. Pero se tiene que entender que la influencia es en las dos direcciones y se tiene que producir mediante el diálogo, e incluso el debate crítico, entre los actores políticos y los culturales. Se tiene que garantizar que las políticas culturales se rijan por los criterios propios del sistema cultural, respetando su especificidad y la diversidad del conjunto, porque es la única manera de que la cultura pueda dar lo mejor de sí misma y demostrar su contribución a la sociedad. Quienes reclaman que la cultura sea independiente de los vaivenes políticos temen las interferencias y la manipulación para instrumentalizarla al servicio de intereses partidistas. En el extremo opuesto a este peligro está la indiferencia. ¿Qué es más perjudicial, el recurso a la cultura como arma en el combate de las ideas (las famosas *culture wars* que emprendieron los neoconservadores estadounidenses a partir de los noventa y continúan tras la huella de Trump) o la apatía con la cual se la neutraliza en buena parte de las sociedades desarrolladas? No me atrevería a dar una respuesta tajante. Es evidente que las administraciones públicas tienen la enorme responsabilidad de proteger nuestros bienes simbólicos con el mismo cuidado que los materiales, porque los unos dependen de los otros y sin los primeros no seríamos quien somos. En los últimos tiempos he visto citar repetidamente la anécdota según la cual, cuando a Winston Churchill le propusieron recortar la financiación de las artes para apoyar el esfuerzo de guerra contestó: «¿Entonces para qué estaríamos luchando?». Es una pena que la cita sea apócrifa y no exista constancia documental de que Churchill dijera nunca esto, porque es útil como munición en defensa de la cultura, y a quienes nos importa el tema nos gustaría contar en nuestro bando con políticos ilustrados. Pero la responsabilidad es mutua, no está sólo del lado de los políticos. Todos los ciudadanos estamos implicados. Si el conjunto de la sociedad no valora lo que representa la cultura, es ingenuo esperar que los políticos asuman una responsabilidad que sólo les piden unos pocos.

En un momento en que se respira cierto clima de desmoralización en muchos ambientes, conviene insistir en que no saldremos de esta tesitura sin confiar en la capacidad de la cultura para dar al ser humano herramientas para enfrentarse a los retos de la existencia y para ser, también, una fábrica de ideas que contribuya al desarrollo del conjunto de la sociedad. Esta responsabilidad no recae exclusivamente en los filósofos, sino también en los científicos, economistas, políticos, artistas, activistas y organizaciones sociales. Para responder a situaciones de crisis ampliando el horizonte de lo posible hace falta quien proponga un nuevo repertorio de opciones, quienes lo hagan circular y lo apliquen, y que el conjunto de ciudadanos lo asuma como propio en la práctica. Este esquema de cooperación cognitiva recorre un espectro amplio, desde la teoría y la creación al impacto social.

La cultura no es un lujo que no nos podemos permitir subvencionar, sino un recurso vital, como la educación, un bien de primera necesidad en el que se tiene que invertir porque no nos podemos permitir vivir sin ella. Una crisis económica no puede ser la excusa para bajar la guardia, porque no hace sino ocultar una crisis sistémica en los valores de nuestras sociedades capitalistas. La salida de esta crisis, o de cualquier otra, no depende sólo de una hipotética recuperación económica, porque las reglas del juego han cambiado y muchas cosas no volverán a ser como antes. Si no queremos salir culturalmente empobrecidos, tendremos que poner imaginación e inventiva, sin esperar a la luz al final del túnel, aprendiendo a movernos en el actual entorno y explotando los recursos y los canales de interacción de los que no disponíamos hace una generación.

Tampoco nos podemos refugiar en la idea de que, incluso en la más grande precariedad, cuando desaparece el apoyo público, el talento individual puede continuar sobresaliendo. Está claro que las artes no morirán, pero no podemos renunciar a la responsabilidad de levantar el nivel del conjunto de la sociedad, que es el objetivo prioritario de las políticas públicas y de la educación, ampliando la base de creadores y participantes potenciales, y facilitando el acceso de los ciudadanos a la cultura, para formar a quienes se tienen que beneficiar del legado cultural y darle continuidad.

A pesar del cliché del elitismo que a veces se esgrime, la distancia entre el usuario experto y el aficionado no es tan grande como en otros campos. Además, hoy más que nunca, en el sistema cultural la frontera entre productores y receptores es difusa. No cabe hablar de profesionales por un lado y público, como sujeto pasivo, por el otro. Lo que llamamos público, en genérico, es un cuerpo plural con distintos grados de intervención activa (incluida la decisión sobre qué apoya con su dinero), porque la cultura no puede definirse sólo en términos de producción de obras. Son procesos e interacciones que tienen lugar en ateneos, centros cívicos, asociaciones, bibliotecas, bares, en un almacén vacío o delante de un ordenador, no sólo en los canales convencionales y las grandes instituciones que salen en la prensa. Y, obviamente, en las escuelas, universidades y centros de investigación. Imposible hacer un catálogo de lo que cabe pero, sin duda, en el actual contexto tecnológico, llevar un blog y colgar vídeos en YouTube son formas de hacer cultura.

Vivimos un momento de desconfianza hacia las grandes instituciones culturales. Este peligro de desafección que las amenaza y que se percibe especialmente en algunos sectores jóvenes no es un fenómeno nuevo. Durante la etapa pionera de la crítica institucional, en la estela de Mayo del 68, Michel de Certeau escribió que las instituciones públicas, desde los equipamientos culturales al sistema educativo y los medios de comunicación, se habían vuelto fofas y pesadas, incapaces de controlar sus propias inercias. Según él, detrás de la fachada pública habitan grupos que se han apropiado de sus medios y del proyecto de innovación, y han dejado fuera, en los márgenes del espacio institucional, bajo la superficie, las iniciativas privadas y los procesos creativos y críticos alternativos. Esta exclusión de la creatividad que emerge en los bordes del sistema lo empobrece, porque cualquier renovación va de la periferia al centro. El requisito para la vitalidad de un sistema cultural, como de cualquier ecosistema, es la preservación de la diversidad. La misión de lo público no se limita a proteger unos buques insignia, sino que debe garantizar las condiciones para la libre actividad cultural en sus diversas manifestaciones, romper barreras y abrir vías de transmisión entre espacios emergentes e institucionalizados para solventar esta desconexión, que es un problema endémico. La institución es un instrumento, no un bien patrimonial ni un monumento: un canal de acceso, pero especialmente, un espacio de participación e, incluso, de confrontación. La vocación de servicio público de las instituciones culturales se demuestra en su capacidad de hacer de la cultura un bien común. Esto quiere decir que el beneficio social no es simplemente la suma de experiencias individuales de goce o de formación de los ciudadanos, sino el valor añadido que representa la creación de comunidad y la voluntad de atender a las necesidades y demandas colectivas. El papel de las instituciones culturales es contribuir a la negociación de relatos y de imaginarios en los que participen, en igualdad de condiciones, los activistas que promueven la reconfiguración del sistema, los creadores reconocidos y los emergentes, los profesionales y expertos, y los colectivos y entidades que hacen aportaciones propias al sistema cultural. Las instituciones tienen vocación de permanencia, pero esta duración en el tiempo no las tiene que fosilizar. De hecho, son frágiles y su relación con el poder es ambivalente. Entenderlas como mecanismos de dominación supondría desaprovechar lo que tienen de espacio de libertad. Como el arte y el pensamiento que acogen, o como la universidad, las instituciones culturales pueden ser bastiones de resistencia contra la lógica de los modelos hegemónicos. Marina Garcés, en *Nueva ilustración radical*, ha diagnosticado una tendencia contrapuesta: la desinstitucionalización mediante la cual el proyecto cognitivo del capitalismo actual expulsa las actividades humanísticas del sistema educativo y de las prioridades de las políticas culturales. Para contrarrestar esta tendencia, hace falta recuperar el sentido de plataformas, cruces y puentes intergeneracionales de las instituciones culturales y repolitizar su función social en lugar de aparcar la cultura en un rincón decorativo. Es obvio que cualquier avance pasa por el sistema educativo y por la responsabilidad de los medios de comunicación como creadores de opinión pública, dos ámbitos que las estructuras administrativas y las agendas políticas mantienen separados del sistema cultural, aunque los tres tienen funciones análogas de servicio al conocimiento, a la construcción de imaginarios colectivos y, en teoría, al desarrollo de la capacidad crítica del ciudadano. Sólo desde una complicidad a tres bandas se superará este déficit social de valoración de la cultura. Cuando se habla de la relación entre cultura y educación (un tema que más de una vez me han invitado a tratar), insisto siempre en que, para mí, esta distinción tiene poco sentido. ¿Es educación si llevo a mis estudiantes al teatro como parte de una asignatura sobre tragedia, y cultura si van por su cuenta con sus amigos? La actividad como tal es la misma y sus efectos, la hipotética catarsis, si se da, también. Hace años, en su discurso de agradecimiento durante el acto de entrega de los Premios Ciudad de Barcelona, Calixto Bieito afirmó que la cultura es la educación de los adultos. Es una manera de explicar el inextricable vínculo entre estas dos actividades, que confluyen en la formación individual y colectiva. Aristóteles decía que el ser humano se complace en la imitación, es decir, en la poesía, el teatro y la narración, porque desde la infancia aprende gracias a las historias que le cuentan. Para apreciar lo que la cultura significa y aporta a nuestras vidas, nos lo tienen que enseñar, no sólo en la escuela (aunque también allí), sino a través de modelos de conducta, de ejemplos prácticos de cómo participar en esta actividad. Juntar de una vez por todas educación y cultura bajo un mismo paraguas conceptual. Porque la cultura no es una lección, sino un entrenamiento.

Para acercarme a la conclusión, acudo a un caso que ilustra, a la vez, lo que hace la cultura, su conexión con la educación, su incidencia social y política, y los usos de la ficción que hace siglos insinuaba Aristóteles, sin darle ese nombre. Se trata de *Leer Lolita en Teherán*, un ensayo autobiográfico de la autora iraní Azar Nafisi, publicado en 2003. Nafisi era profesora de literatura en la universidad de Teherán y la despidieron por cuestiones ideológicas; el régimen fundamentalista la expulsó de sus clases. Ella montó un pequeño club de lectura con mujeres que habían sido sus alumnas. Se reunían en su casa a leer y comentar novelas. Estas mujeres, que ya habían dejado la universidad, a menudo necesitaban mentir a sus familias para asistir a las reuniones. Escondían a sus hermanos, padres o maridos que quedaban para hablar de libros. El encuentro colectivo alrededor de la lectura era para ellas una actividad clandestina y un espacio de libertad. El primero que escogieron fue un libro improbable en aquel contexto y para aquellas lectoras: *Lolita*, de Vladimir Nabokov, la historia de una niña de doce años raptada y sometida a abusos por un hombre mayor que se enamora de ella. Toda la novela está narrada desde el punto de vista del predador sexual que, como es sabido, se casa con la madre para tener acceso a la niña y, cuando la madre muere en un accidente, se aprovecha de su condición de padrastro para secuestrarla y convertirla en su amante, sin darle libertad para escoger.

Leído así, reducido a su argumento, es un relato terrible de un caso de pederastia. ¿Por qué eligió leerlo aquel grupo de mujeres? Nafisi lo explica con claridad: en un país donde una de las primeras decisiones legislativas del régimen fundamentalista fue rebajar la edad legal del matrimonio a los trece años y permitir que entre los nueve y los trece las niñas se puedan casar con la autorización de los padres o de un tribunal, todas las mujeres eran, potencialmente, Lolita. Leyeron, desde el punto de vista de la víctima, una novela que está narrada por el abusador. Se pusieron en la piel de Lolita y utilizaron el libro para hablar, precisamente, sobre la sumisión y su situación ante un abusador que era todo el país que les negaba sus derechos. Esta experiencia colectiva dio lugar al libro de Nafisi, que se ha traducido a muchos idiomas, y a su vez ha servido a otras mujeres para reflexionar sobre su propia condición.

Nabokov escribió la novela sin ninguna intencionalidad política. De hecho, abominaba de la literatura explícitamente política. Ni le hubiera parecido pertinente que se diera a su obra una interpretación feminista, aunque su propia esposa, Vera, ponía de relieve el punto de vista de Lolita. Para Nabokov, el sentido de la novela era estrictamente literario, un ambicioso y sofisticado ejercicio formal, una obra maestra por su valor estético. Sin embargo, como señala Rancière, la literatura como tal no es ajena a la incidencia política, al margen de la voluntad o el compromiso del escritor. Nafisi demuestra la posibilidad de hacer una lectura emancipadora incluso de una novela que aparentemente se le resiste, una historia de abusos y opresión contada por el abusador y un texto que es puro juego con el lenguaje. *Lolita* les ofreció a aquellas mujeres herramientas para entender y navegar su propia realidad, y a un sinfín de lectoras y lectores, una experiencia mediada que abre la puerta a una toma de conciencia.

Una caja de herramientas. Sin ellas, el ser humano es incapaz de moverse por el mundo. Las hay de distintos tipos, de distintas calidades, de distintos precios. Cada persona y cada grupo tienen la suya. Para relacionarnos con el entorno y como contrato en la relación con los otros. ¿Qué hacen la literatura, el cine o el arte; la ficción en el caso de *Lolita*, el ensayo en el de Nafisi? Invitarnos a empatizar con experiencias ajenas. Ampliar el imaginario de lo posible. No crean de la nada. No necesariamente inventan ni descubren. Transgreden las normas del sistema para transmutar los valores. Reivindican la necesidad de repensar interrogantes no resueltos de la experiencia humana. Jean-Luc Godard y Jean-Pierre Gorin, en un film-ensayo bastante anómalo que fue su última colaboración como Grupo Dziga Vertov, *Letter to Jane* (1972), afirman que no sirve de nada dar viejas respuestas a las nuevas preguntas planteadas por el desarrollo de las luchas revolucionarias, sino que tenemos que aprender a hacernos las nuevas preguntas. ¿Tenemos nuevas preguntas? Aunque quizá estemos incluso en un paso previo: ¿tenemos nuevas respuestas para las viejas preguntas que nos acompañan desde hace siglos?

Boris Groys destaca que, en ciencia y tecnología, la innovación está dictada por necesidades objetivas, científicas o económicas. El conocimiento humanístico viene dictado por necesidades no menos imperiosas, las de preguntarnos por nuestro lugar en el mundo, por el sentido de nuestras experiencias, pero también por los valores y compromisos que rigen nuestra relación con los otros, nuestra organización social y nuestro impacto en la naturaleza. A menudo son preguntas sobre nuestros límites, los del lenguaje y los del propio conocimiento. Todos somos conscientes de que el progreso tecnológico no conduce necesariamente a una sociedad mejor. Los adelantos en ciencias de la salud, o en física, o en inteligencia artificial no se corresponden con adelantos en economía o en ciencias sociales, en democracia, justicia o equidad. Los riesgos del progreso, entendido exclusivamente como crecimiento, resultan cada vez más evidentes. Ante los adelantos tecnológicos y científicos, faltan nuevos modelos de organización social y formas de cuidar de todos los seres humanos y del planeta.

George Steiner decía, como veíamos, que, sin un horizonte utópico, la cultura pierde su razón de ser. Nos tiene que ayudar a contrastar la realidad que vivimos con la que imaginamos, como criterio crítico y de cambio. Las utopías que se nos prometen apuntan a un progreso tecnológico y científico que beneficiará especialmente a unos pocos: engañar a la muerte, escapar del planeta, ser sustituidos por robots que conducirán y trabajarán por nosotros y algoritmos que adivinan (o dictan) nuestros deseos. Brillan por su ausencia las promesas de igualdad, justicia y libertad. Steiner se anticipó, en 1971, al escenario que nos rodea:

… nuestra ética, nuestros hábitos centrales de conciencia, la inmediata membrana ambiental en la que moramos, nuestras relaciones con la edad y el recuerdo, con los hijos, cuyo sexo podemos seleccionar y cuya herencia podemos programar, son todas cosas que se están transformando.

Plantea, sin catastrofismo, como había hecho diez años antes Hannah Arendt en *Entre el pasado y el futuro* hablando de la conquista del espacio, la incapacidad humana de renunciar a la búsqueda de lo desconocido, que forma parte de nuestro destino:

No podemos volvernos atrás. No podemos permitirnos los sueños de no saber. Abriremos, así lo espero, la última puerta del castillo aun cuando ésta nos lleve (y quizá precisamente porque nos lleva) a realidades que están más allá del alcance de la comprensión y el control humanos.

COMO EL AIRE QUE RESPIRAMOS

La guía en esta encrucijada peligrosa no la podemos encontrar sólo en descubrimientos o inventos milagrosos, ni mucho menos dejándonos llevar por la atracción fatal del consumo. Las posibles salidas pasan por cambiar las reglas del juego, por transgredir la lógica del sistema, es decir, por un cambio de cultura. No podemos prescindir de imaginar utopías y resistirnos a futuros distópicos. Nos faltan soluciones para muchos problemas, inquietudes y preguntas pendientes. Quizá nos hace falta incluso hacernos las preguntas adecuadas. Hemos avanzado mucho en ciertos campos, pero el mundo continúa estando desarreglado. Faltan respuestas a los desastres del capitalismo, al retroceso social evidente, a la desigualdad, a la discriminación, a las guerras y al terrorismo, a los flujos de poblaciones que huyen de la miseria y la violencia, a la destrucción del planeta y a otras consecuencias devastadoras del maltrato de la naturaleza. Cada uno sirve al proyecto común como puede y sabe. Y dado que el vestido también es cultura, acabo con una metáfora. Los que nos dedicamos a las artes y las humanidades cultivamos un saber más o menos antiguo, con la tarea humilde de rescatar, de un armario polvoriento, prendas de ropa y retales en desuso para ver si, con algunos retoques y alteraciones, combinando elementos diversos, podemos volver a ponerlos de moda, producir nuevas indumentarias que puedan servir para vestirnos hoy, porque seguimos desnudos frente al mundo.

AGRADECIMIENTOS

Este libro resume años de investigación, docencia y servicio público, y su elaboración se ha beneficiado de las aportaciones, el apoyo y el estímulo de múltiples interlocutores. Quiero dar las gracias a amigos que me abrieron puertas que conducen más allá de la vida académica, como Frederic Amat, Jordi Balló, Judit Carrera, Jordi Martí, Josep Ramoneda y Francesc Torres. A los amigos que son además colegas, en universidades de distintos países, demasiados para nombrarlos a todos, entre quienes, por su vinculación a distintas etapas de la preparación de este ensayo, debo destacar a Miquel Berga, Enric Bou, Brad Epps, Itamar Even-Zohar, Marina Garcés, Isabel Capeloa Gil, Montserrat Iglesias, Ángel Loureiro, Joan Ramon Resina, Mario Santana y Barbie Zelizer. A los estudiantes de la asignatura Theories of Culture de las primeras promociones del grado en Global Studies de la UPF, a Eloy Fernández Porta y Claudia Paredes, que han compartido la docencia de la asignatura, y a Jaume Subirana, que se ha sumado a la tarea. A los compañeros del Comitè Executiu del Consell de la Cultura de Barcelona, Toni Casares, Flàvia Company, Xavier Cordomí, Carles Giner, Daniel Giralt-Miracle, Joan Ollé, Rosa Pera y Eva Vila. A los muchos miembros del equipo del CCCB con los que he tenido el placer de colaborar. A Sandra Ollo, que ha confiado en este libro. A Carlota Broggi, compañera y cómplice. A Guim, Joan y Marc, porque el futuro es suyo. De todos ellos he aprendido.

BIBLIOGRAFÍA SELECCIONADA

Principales fuentes de referencia de este ensayo disponibles en traducción

ANDERSON, Benedict, *Comunidades imaginadas. Reflexiones sobre el origen y difusión del nacionalismo*, trad. Eduardo L. Suárez, México D. F., FCE, 2006.
APPIAH, Kwame Anthony, *Cosmopolitismo. La ética en un mundo de extraños*, trad. Lila Mosconi, Madrid, Katz, 2007.
ARENDT, Hannah, *Entre el pasado y el futuro. Ocho ejercicios sobre la reflexión política*, trad. Ana Poljak, Barcelona, Península, 2016.
ASSMANN, Jan, *Religión y memoria cultural*, trad. Marcelo G. Burello y Karen Saban, Buenos Aires, Lilmod, 2008.
BATAILLE, Georges, *La parte maldita*, trad. Julián Fava y Lucía Belloro, Buenos Aires, Las Cuarenta, 2007.
BHABHA, Homi K., *El lugar de la cultura*, trad. César Aira, Buenos Aires, Manantial, 2003.
—(ed.), *Nación y narración*, trad. María Gabriela Ubaldini, Buenos Aires, Siglo XXI, 2010.
BOURDIEU, Pierre, *Las reglas del arte*, trad. Thomas Kauf, Barcelona, Anagrama, 1995.
—, *Sobre la televisión*, trad. Thomas Kauf, Barcelona, Anagrama, 2006.
BUTLER, Judith, *El género en disputa. El feminismo y la subversión de la identidad*, trad. María Antonia Muñoz, Barcelona, Paidós, 2007.
CASANOVA, Pascale, *La República mundial de las Letras*, trad. Jaime Zulaika, Barcelona, Anagrama, 2001.
CERTEAU, Michel de, *La cultura en plural*, trad. Luce Giard, Buenos Aires, Nueva Visión, 1999.

BIBLIOGRAFÍA SELECCIONADA

EAGLETON, Terry, *La idea de cultura. Una mirada política sobre los conflictos culturales*, trad. Ramón José del Castillo, Barcelona, Paidós, 2009.
—, *Cultura. Una fuerza peligrosa*, trad. Belén Urrutia Domínguez, Madrid, Taurus, 2017.
ELIOT, T. S., *Notas para la definición de la cultura*, trad. Félix de Azúa, Barcelona, Bruguera, 1984.
EVEN-ZOHAR, Itamar, https://www.tau.ac.il/~itamarez/
GARCÉS, Marina, *Un mundo común*, Barcelona, Bellaterra, 2013.
—, *Nueva ilustración radical*, Barcelona, Anagrama, 2017.
GARCÍA CANCLINI, Néstor, *Consumidores y ciudadanos. Conflictos multiculturales de la globalización*, Barcelona, Grijalbo-Mondadori, 1996.
—, *Culturas híbridas. Estrategias para entrar y salir de la modernidad*, México D. F., Debolsillo, 2009.
GEERTZ, Clifford, *La interpretación de las culturas*, trad. Alberto L. Bixio, Barcelona, Gedisa, 2008.
GLISSANT, Édouard, *Tratado del todo-mundo*, trad. María Teresa Gallego Urrutia, Barcelona, El Cobre, 2006.
GROYS, Boris, *Sobre lo nuevo. Ensayo de una economía cultural*, trad. Manuel Fontán, Valencia, Pre-Textos, 2008.
GUMBRECHT, Hans Ulrich, *Después de 1945. La latencia como origen del presente*, trad. Aldo Mazzucchelli, México D. F., Universidad Iberoamericana, 2015.
HALBWACHS, Maurice, *La memoria colectiva*, trad. Federico Balcarce, Buenos Aires, Miño y Dávila, 2011.
HALL, Stuart, «Identidad cultural y diáspora», en: Eduardo Restrepo *et al.* (ed.), *Sin garantías. Trayectorias y problemáticas en estudios culturales*, Popayán-Lima-Quito, Envión-IEP Universidad Andina Simón Bolívar, 1990, pp. 359-460.
HORKHEIMER, Max y Theodor W. Adorno, *Dialéctica de la Ilustración*, trad. Juan José Sánchez, Madrid, Trotta, 2018.
HUYSSEN, Andreas, *Memorias crepusculares*, Buenos Aires, Prometeo, 2014.

BIBLIOGRAFÍA SELECCIONADA

IGLESIAS SANTOS, Montserrat (ed.), *Teoría de los polisistemas*, Madrid, Arco, 1999.

MAUROIS, André, «La biblioteca pública en el mundo actual», *El Correo: una ventana abierta sobre el mundo*, año XIV, n.º 5, mayo de 1961, pp. 4-13.

NUSSBAUM, Martha, *Sin fines de lucro: Por qué la democracia necesita de las humanidades*, trad. María Victoria Rodil, Madrid, Katz, 2010.

ORDINE, Nuccio, *La utilidad de lo inútil*, trad. Jordi Bayod, Barcelona, Acantilado, 2013.

PASOLINI, Pier Paolo, *Escritos corsarios*, trad. Juan Vivanco Gefaell, Madrid, Ediciones del Oriente y del Mediterráneo, 2009.

RANCIÈRE, Jacques, *El reparto de lo sensible. Estética y política*, trad. C. Durán, H. Peralta, C. Rossel, I. Trujillo y F. Undurraga, Santiago de Chile, LOM, 2009.

—, *Política de la literatura*, trad. M. Burello, L. Vogelfang y J. L. Caputo, Buenos Aires, Libros del Zorzal, 2011.

—, *El espectador emancipado*, trad. Ariel Dillon, Buenos Aires, Bordes Manantial, 2013.

RENAN, Ernest, *¿Qué es una nación?*, trad. María Tabuyo y Agustín López, Palma de Mallorca, José J. De Olañeta, 2019.

RICŒUR, Paul, *Tiempo y narración*, 3 vols., trad. Agustín Neira, Madrid, México D. F., Siglo XXI, 2004.

RIEFF, David, *Contra la memoria*, trad. Aurelio Major, Barcelona, Debate, 2012.

—, *Elogio del olvido. Las paradojas de la memoria histórica*, trad. Aurelio Major, Barcelona, Debate, 2017.

SANTOS, Boaventura de Sousa, http://www.boaventuradesousasantos.pt

STEINER, George, *En el castillo de Barba Azul. Aproximación a un nuevo concepto de cultura*, trad. Alberto L. Budo, Barcelona, Gedisa, 2001.

TODOROV, Tzvetan, *La literatura en peligro*, trad. Noemí Sobregués, Barcelona, Galaxia Gutenberg, 2009.

BIBLIOGRAFÍA SELECCIONADA

VARGAS LLOSA, Mario, *La civilización del espectáculo*, Madrid, Alfaguara, 2012.
WILLIAMS, Raymond, *Palabras clave. Un vocabulario de la cultura y la sociedad*, trad. Horacio Pons, Buenos Aires, Nueva Visión, 2000.
YÚDICE, George, *El recurso de la cultura*, trad. Gabriela Ventureira y Desiderio Navarro, Barcelona, Gedisa, 2010.

Procedencia de las citas de los epígrafes

AUDEN, W. H., «Bajo qué lira. Un tratado reaccionario para estos tiempos», en: *Id.*, *Canción de cuna y otros poemas*, trad. Eduardo Iriarte, Barcelona, Debolsillo, 2016.
DIÓGENES LAERCIO, *Vidas, opiniones y sentencias de los filósofos más ilustres*, trad. José Ortiz Sanz, Madrid, Perlado, Páez y Cía, 1914.
KNUTH, Donald E., pról. Marko Petkovsek *et al.*, *A = B*, Boca Raton, CRC Press, 1996.
PROUST, Marcel, *En busca del tiempo perdido. Sodoma y Gomorra*, vol. 4, trad. Consuelo Berges, Madrid, Alianza, 1972.
SWIDLER, Ann, «Culture in Action: Symbols and Strategies», *American Review*, vol. 51, n.° 2, 1986, pp. 273-286.
WILDE, Oscar, *El retrato de Dorian Gray*, trad. Julio Gómez de la Serna, Barcelona, Planeta, 1998.
WILLIAMS, William Carlos, «Asfódelo, esa flor verdosa», en: *Id.*, *Poesía reunida*, trad. Juan Antonio Montiel, Barcelona, Lumen, 2017.

ESTA REIMPRESIÓN, SEGUNDA,
DE «COMO EL AIRE QUE RESPIRAMOS»,
DE ANTONIO MONEGAL, SE TERMINÓ
DE IMPRIMIR EN CAPELLADES EN
EL MES DE NOVIEMBRE
DEL AÑO
2023